AF383843

COLLECTION

D'ORDONNANCES

ET RÉGLEMENS

CONCERNANT

LA GENDARMERIE.

A METZ,

Chez JEAN-BAPTISTE COLLIGNON,
Imprimeur-Libraire, à la Bible d'or.

M. DCC. LXXIX.

ORDONNANCE DU ROI,

Concernant la Gendarmerie.

Du 5 Juin 1763.

DE PAR LE ROI.

SA MAJESTÉ jugeant convenable au bien de son service, d'établir l'uniformité entre les compagnies d'ordonnances de la Gendarmerie, pour leur donner une constitution solide & invariable, a ordonné & ordonne ce qui suit:

ARTICLE PREMIER.

Compagnies de Gendarmes conservées.

SA MAJESTÉ conservera sur pied les dix compagnies des Gendarmes Écossois, Anglois, Bourguignons, de Flandre, de la Reine, Dauphin, de Berri, de Provence, d'Artois & d'Orléans; lesquelles conserveront entre elles, & parmi les compagnies qui for-

A

ment la Maison de Sa Majesté, le rang dont elles jouissent actuellement.

I I.

Compagnies des Chevaux-légers supprimées.

LES six compagnies de Chevaux-légers de la Reine, Dauphin, de Berri, de Provence, d'Artois & d'Orléans seront supprimées & incorporées dans les six compagnies de Gendarmes qui sont sous le même titre : Savoir ;

La compagnie des Chevaux-légers de la Reine, dans celle des Gendarmes de la Reine.

La compagnie des Chevaux-légers Dauphin, dans celle des Gendarmes Dauphin.

La compagnie de Chevaux-légers de Berri, dans celle des Gendarmes de Berri.

La compagnie des Chevaux-légers de Provence, dans celle des Gendarmes de Provence.

La compagnie des Chevaux-légers d'Artois, dans celle des Gendarmes d'Artois.

Et la compagnie des Chevaux-légers d'Orléans, dans celle des Gendarmes d'Orléans.

I I I.

Nombre des Officiers par compagnie.

CHACUNE des dix compagnies de Gendarmes conservées, formera à l'avenir un escadron, & continuera d'être commandée par un Capitaine-lieutenant, un Sous-lieutenant, un Enseigne & un Guidon. Veut à cet effet Sa Majesté que dans les six compagnies qui auront reçu l'incorporation d'une compagnie de Chevaux-légers, & qui, par cette incorporation, auront deux Officiers de chaque grade, le moins ancien de chaque grade soit réformé.

Indépendamment de ces quatre Officiers supérieurs, il y aura dans chaque compagnie six Maréchaux-des-logis; lesquels ne feront point nombre dans la compagnie.

I V.

Création de Fourriers & de places d'Appointés.

VEUT Sa Majesté qu'il soit établi, dans chacune desdites dix compagnies, trois Fourriers & douze places de Gendarmes appointés.

V.

Composition des compagnies.

AU moyen de quoi chaque compagnie fera composée de trois Brigadiers, trois Sousbrigadiers, un Porte-étendard, trois Fourriers, douze Gendarmes appointés, quatre-vingt-quatre Gendarmes & trois Trompettes.

V I.

Division des compagnies en trois Brigades.

CHAQUE compagnie, ainsi composée, fera divisée en trois brigades, dont la premiere fera commandée par le Capitaine-lieutenant, la seconde par le Sous-lieutenant, & la troisième par l'Enseigne. Voulant Sa Majefté que lefdites trois brigades, défignées par premiere, deuxiéme & troifiéme brigades, confervent toujours entre elles le même rang dans la compagnie, & foient toujours fubordonnées au Capitaine-lieutenant.

L'intention de Sa Majefté étant auffi que lefdits Officiers foient chargés de l'entretien, des réparations & des remontés de leurs brigades, fuivant l'ufage pratiqué dans la Gendarmerie.

V I I.

Compofition des brigades & divifion des brigades en efcouades.

CHACUNE des trois brigades de chaque compagnie, fera compofée, en temps de paix, d'un Brigadier, d'un Sous-brigadier, d'un Fourrier, quatre Gendarmes appointés, vingt-huit Gendarmes & d'un Trompette : & elle fera fubordonnée à deux Maréchaux-des-logis.

Les quatre Appointés & les vingt-huit Gendarmes formeront quatre efcouades de huit Gendarmes chacune, y compris un Appointé.

La premiere & la troifiéme efcouades formeront la premiere divifion, à laquelle fera attaché le Brigadier.

La deuxiéme] & la quatriéme efcouades formeront la feconde divifion, à laquelle fera attaché le Sous-brigadier.

La premiere divifion fera fubordonnée au

premier Maréchal-des-logis, & la seconde au second Maréchal-des-logis.

VIII.

Compte rendu par les chefs d'escouades.

CHAQUE Appointé rendra journellement compte des détails de son escouade au Brigadier ou au Sous-brigadier, ceux-ci aux Maréchaux-des-logis ; chaque Maréchal-des-logis aux Officiers supérieurs & à ceux de l'Etat-major, & les Officiers supérieurs par gradation au Capitaine-lieutenant de la compagnie.

IX.

Composition des brigades en temps de guerre.

L'INTENTION de Sa Majesté est, que chaque brigade conserve la même composition en temps de guerre, se réservant, lorsque les circonstances l'exigeront, d'augmenter seulement chaque escouade, d'un nombre égal d'hommes & de chevaux.

X.

Création de deux Sous-aides-major.

SA MAJESTÉ voulant augmenter les Officiers de l'Etat-major de la Gendarmerie, veut qu'il soit établi dans ce corps deux Sous-aides-major de plus, lesquels auront rang de premiers Maréchaux-des-logis.

X I.

Création de deux Fourriers-majors.

VEUT aussi Sa Majesté qu'il soit établi deux places de Fourriers - majors, lesquels auront rang de derniers Maréchaux-des-logis, commanderont les autres Fourriers, & seront chargés du logement, du campement, des distributions & autres fonctions relatives, supérieurement auxdits Fourriers.

Ils seront proposés à Sa Majesté par le Major de la Gendarmerie, lequel les fera recevoir sur les brevets qui leur seront expédiés par Sa Majesté lorsqu'Elle les aura agréés.

X I I.

Un Timbalier pour tout le corps.

IL n'y aura plus à l'avenir pour le corps qu'un seul Timbalier, lequel appartiendra aux dix compagnies de Gendarmerie, & il sera attaché à l'Etat-major, les sept autres seront supprimés & renvoyés.

X I I I.

Composition de l'Etat-major.

AU moyen de ce qui est prescrit par les articles X, XI & XII, l'Etat-major de ce corps sera composé d'un Major Inspecteur du corps, d'un Aide-major, de quatre Sous-

aides-major, deux Fourriers-majors, deux
Aumôniers & d'un Timbalier.

XIV.

Fonctions des Aides-major.

L'Aide-major de la Gendarmerie informera exactement le Major des détails qui
concernent la police, la discipline, les exercices, les réparations, la tenue, & généralement tout le service du corps; il ne s'absen-
tera que sur une permission expresse de Sa
Majesté.

X V.

Sous-aides-major.

Les Sous-aides-major seront subordonnés
à l'Aide-major; ils seront chargés de faire de
fréquentes visites des quartiers, pour rendre
compte du progrès des exercices, en l'absence
de l'Aide-major, le premier Sous-aide-major
suppléera à ses fonctions.

X V I.

Porte-étendard.

Le Porte-étendard sera toujours le premier
Gendarme de la compagnie, il aura rang de
dernier Brigadier dans sa compagnie seulement, sera toujours attaché à la premiere
brigade, & il lui sera expédié des lettres pour
tenir rang de Lieutenant de Cavalerie, ainsi
qu'aux autres brigadiers.

XVII.

Fourriers.

Les Fourriers feront fubordonnés aux Fourriers-majors ; ils feront chargés fous eux du logement, du campement & des diftributions, feront reçus à la tête de la compagnie par le Capitaine-lieutenant, & commanderont les Gendarmes de la compagnie.

XVIII.

Choix des Maréchaux-des-logis.

Les Maréchaux-des-logis continueront d'être choifis dans la forme ordinaire, parmi les meilleurs fujets & les plus capables de remplir convenablement cet emploi.

XIX.

Choix des Brigadiers & Sous-brigadiers.

Pour affurer davantage le choix defdits Maréchaux-des-logis, qui doivent être pris par préférence parmi les Brigadiers ou Sous-brigadiers, Sa Majefté a réglé que lorfqu'il vaquera une place de Brigadier ou de Sous-brigadiers dans une des dix compagnies de la Gendarmerie, les fix Maréchaux-des-logis & les autres Brigadiers ou Sous-brigadiers de la compagnie, s'affembleront, avec les deux Fourriers-majors, chez l'Aide-major, ou en fon abfence, chez le premier Sous-aide-major, pour choifir entre le Porte-étendard

& les trois Fourriers de la compagnie, fans aucun égard à l'ancienneté, les deux fujets qu'ils croiront les plus propres à remplir la place vacante, ils les préfenteront au Capitaine-lieutenant de la compagnie, lequel après avoir pris l'avis du Chef de la brigade dans laquelle la place fera vacante, nommera celui des deux fujets propofés qui lui paroîtra mériter la préférence.

X X.

Choix des Fourriers.

Lorsqu'il vaquera une place de Forrier dans une compagnie, les deux plus anciens Maréchaux-des-logis, les deux plus anciens Brigadiers ou Sous-brigadiers, le Porte-étendard & les Fourriers de la compagnie, s'affembleront, avec les deux Fourriers-majors, chez l'Aide-major, & en fon abfence, chez le premier Sous-aide-major, pour choifir parmi tous les Appointés de la compagnie, trois fujets qu'ils préfenteront au Capitaine - lieutenant, lequel nommera, de la maniere réglée par l'article XIX, l'un des trois fujets propofés.

X X I.

Gendarmes appointés.

A l'égard des places de Gendarmes appointés, elles appartiendront toujours de droit aux quatre plus anciens Gendarmes de chaque brigade, & ils commanderont l'eſcouade dont ils feront partie,

X X I I.

Choix des Gendarmes.

L'intention de Sa Majeſté eſt que les Chefs de brigade prennent une parfaite connoiſſance de tous ceux qui ſe préſenteront pour ſervir dans la Gendarmerie, afin de n'en recevoir aucun qui ne ſoit capable par ſa naiſſance & ſes mœurs, de ſervir avec diſtinction : Enjoint Sa Majeſté au Major d'y tenir exactement la main, & d'examiner les témoignages & les certificats ſur leſquels tous les Gendarmes auront été reçus, pour remédier aux abus qui pourroient s'introduire à cet égard,

X X I I I.

Appointemens & ſolde.

Sa Majeſté ayant réglé, pour les dix compagnies de ſa Gendarmerie, une paye fixe, qui ſera la même ſoit en temps de paix, ſoit en temps de guerre, Elle veut & entend que les appointemens & ſolde ſoient payés auxdites dix compagnies de Gendarmes, ſur le pied par jour.

S A V O I R;

À chaque Capitaine-lieutenant, 26 livres 7 ſols 9 deniers 1 tiers par jour, faiſant 791 livres 13 ſols 4 deniers par mois, & 9500 livres par an.

A chaque Sous-lieutenant, 18 liv. 1 fol. 1 den.
1 tiers par jour; faifant 541 liv. 13 fols 4 den. par
mois, & 6500 liv. par an.

A chaque Enfeigne, 11 liv. 2 fols 2 den. 2 tiers
par jour, faifant 333 liv. 6 fols 8 den. par mois,
& 4000 liv. par an.

A chaque Guidon, 8 liv. 6 fols 8 den. par jour,
faifant 250 liv. par mois, & 3000 liv. par an.

A chaque Maréchal-des-logis, 3 liv. 8 fols 4 den.
par jour, faifant 102 liv. 10 fols par mois, &
1230 liv. par an.

A chaque Brigadier ou Sous-brigadier, 1 liv. 16
fols par jour, faifant 54 liv. par mois, & 648 liv.
par an.

A chaque Porte-étendard, 1 liv. 10 fols par jour,
faifant 45 liv. par mois, & 540 liv. par an.

A chaque Fourrier, 1 liv. 6 fols 8 den. par jour,
faifant 40 liv. par mois, & 480 liv. par an.

A chaque Gendarme appointé, 1 liv. 1 fol par
jour, faifant 31 liv. 10 fols par mois, & 378 liv.
par an.

A chaque Gendarme, 18 fols par jour, faifant
27 liv. par mois, & 324 liv. par an.

A chaque Trompette, 1 liv. 2 fols par jour,
faifant 33 liv. par mois, & 396 liv. par an.

ÉTAT-MAJOR.

Au Major, pour tout traitement & frais d'infpection, 33 liv. 6 fols 8 den. par jour, faifant 1000
liv. par mois, & 12000 par an.

A l'Aide-major, 16 liv. 13 fols 4 den. par jour,
faifant 500 liv. par mois, & 6000 liv. par an.

A chacun des deux premiers Sous-aides-major,
5 liv. 11 fols 1 den. 1 tiers par jour, faifant 166
liv. 13 fols 4 den. par mois, & 2000 liv. par an.

A chacun des deux feconds Sous-aides-major,
4 liv. 8 fols 10 den. 2 tiers par jour, faifant 133
liv. 6 fols 8 den. par mois, & 1600 liv. par an.

A chacun des deux Fourriers-majors, 3 liv; 6 fols 8 den. par jour, faifant 100 liv. par mois, & 1200 liv. par an.

Au premier Aumônier, en fupprimant la reténue qui fe faifoit en fa faveur pour le port de la chapelle, 3 liv. 6 fols 8 den. par jour, faifant 100 liv. par mois, & 1200 liv. par an.

Au fecond Aumônier, 2 liv. par jour, faifant 60 liv. par mois & 720 liv. par an.

Au Timbalier, 1 liv. 2 fols par jour, faifant 33 liv. par mois, & 396 liv. par an.

X X I V.

Suppreffion des penfions & gratifications.

V E U T Sa Majefté qu'au moyen des appointemens & folde réglés par l'article XXIII, toutes les penfions attachées aux charges des Officiers fupérieurs, de ceux de l'Etat-major & aux places d'anciens Maréchaux-des-logis, Brigadiers & Gendarmes, ainfi que les gratifications accordées pour le détail aux Officiers de l'Etat-major, foient & demeurent fupprimées, à commencer du jour de la nouvelle compofition prefcrite par la préfente ordonnance; fe réfervant Sa Majefté de régler par la fuite le traitement extraordinaire qu'Elle jugera à propos d'accorder, en temps de guerre, au corps de la Gendarmerie.

X X V.

Forme dont fe fera le payement.

L E S Officiers fupérieurs defdites dix compagnies de Gendarmes, le Major & l'Aide-major, continueront d'être payés des appointemens qui leur ſont réglés par l'article XXIII, ſur les états que Sa Majeſté en fera expédier, ſuivant l'uſage : A l'égard des autres Officiers & des Gendarmes, ils en ſeront payés tous les mois par le Tréſorier général de l'Ordinaire des guerres.

X X V I.

Maréchaux - des - logis, Sous-aides - major
& Fourriers-majors montés ſur
des chevaux d'eſcadrons.

Les Maréchaux-des-logis, les quatre Sousaides-major & les deux Fourriers-majors, ſeront tenus d'avoir toujours & en tout tems un cheval d'eſcadron, agréé par le Major; enjoignant Sa Majeſté aux Commiſſaires des guerres à la conduite & police de la Gendarmerie, d'en faire mention ſur leurs revûes : Défend auſſi Sa Majeſté auxdits Officiers de ſe défaire deſdits chevaux ſans la permiſſion du Major de la Gendarmerie.

X X V I I.

Il leur ſera fourni une ration de fourrage.

Il ſera fourni, en temps de paix, une ration de fourrage pour les chevaux deſdits Officiers, dont le prix ſera payé avec celui de la ration de fourrage deſtinée pour chaque cheval de la troupe.

XXVIII.

Masse de l'habillement.

IL sera fait en tout temps, sous le titre de Masse de l'habillement, une retenue de trois sols par jour sur chaque Brigadier, Porte-étendard, Fourrier, Appointé & Gendarme ; dont le fonds sera destiné à l'habillement, de chaque brigade ; cette Masse demeurera entre les mains du Trésorier général de l'Ordinaire des guerres, qui ne la délivrera au Chef de brigade chargé de l'habillement, que sur la main-levée du Major de la Gendarmerie.

XXIX.

Timbalier & Trompettes.

A l'égard du Timbalier & des Trompettes, Sa Majesté continuera de leur faire fournir, dans les temps de l'habillement, les casaques, les banderolles, le tablier des timbales & les menteaux, lorsqu'ils auront été supprimés par le Major ; Elle leur fournira de plus un surtout de bouracan bleu de roi.

XXX,

Habillement fait en commun.

L'INTENTION de Sa Majesté étant que l'habillement de toutes les Brigades se fasse en commun, par tous les Chefs de brigade, Elle veut qu'à l'avenir il soit choisi, parmi les chefs de brigade, un Capitaine-lieutenant,

un Sous-lieutenant & un Enseigne, qui seront
chargés de l'habillement général, lesquels, de
concert avec le Major, régleront le temps
où les différentes fournitures devront être li-
vrées sans aucun retard, de maniere que le
Major puisse en examiner les qualités d'assez
bonne heure, pour refuser les fournitures dé-
fectueuses.

X X X I.

Fourniture de Surtout à chaque habillement.

VEUT Sa Majesté que lors de chaque habillement du corps, il soit dorénavant livré
à chaque Gendarme un surtout de bouracan
teint en écarlate, avec un collet de même
étoffe, le bouton en fil écarlate à grain d'orge,
& seulement l'épaulette couverte d'un petit
bordé d'argent comme à l'habit, afin de conserver leur uniforme dans la propreté convenable. L'intention de Sa Majesté étant, à
cet effet, que les habits des Gendarmes qui
s'absenteront par congé, soient laissés en magasin dans le quartier, & que lesdits Gendarmes n'emportent avec eux que le surtout
& la bandouliere.

X X X I I.

Uniforme.

L'UNIFORME de la Gendarmerie continuera
d'être tel qu'il est actuellement.

Les Gendarmes appointés seront distingués

des autres Gendarmes, par un grand galon
de plus fur la manche.

Les Porte-étendards & les Fourriers auront
de plus un bout du même galon fur les coutures fupérieure & inférieure du parement.

Les Fourriers-majors auront des habits galonnés à la bourgogne, avec le bordé & le
galon pour les agrémens de l'uniforme des
Maréchaux-des-logis; les coutures fupérieure
& inférieure du parement feront auffi galonnés.

X X X I I I.

Service des Officiers fupérieurs par mois.

Un Sous-lieutenant, un Enfeigne & un
Guidon fe rendront, fur l'avis qu'ils en recevront du Major, les premiers de chaque
mois au quartier de l'Etat-major de la Gendarmerie, & y feront relevés par d'autres le
premier du mois fuivant. L'intention de Sa
Majefté étant qu'ils n'en puiffent pas partir
que ceux qui les doivent relever n'y foient
arrivés, de maniere qu'il y ait toujours au
corps de la Gendarmerie des Officiers en état
de la commander, & de faire exécuter les
ordres de Sa Majefté.

X X X I V.

Service par an.

Indépendamment de ce fervice des mois,
tous les Officiers de la Gendarmerie fe rendront

dront tous les ans à leur troupe ; favoir, les Capitaines-lieutenans, fur les ordres de Sa Majefté, le premier de Juillet, & les Sous-lieutenans, Enfeignes & Guidons, fur les ordres qui leur feront adreffés par le Major, le premier Juin, pour y demeurer tous jufqu'au premier Septembre.

X X X V.

Congés des Maréchaux - des - logis, Fourriers, &c.

IL ne fera jamais donné de congés à plus de deux Maréchaux-des-logis, deux Brigadiers ou Sous-brigadiers, dans la même compagnie, en obfervant qu'ils ne foient point tous les deux attachés à la même brigade.

Le Porte-étendard & les Fourriers ne pourront s'abfenter que pour des motifs indifpenfables, & ils feront alors remplacés dans leurs fonctions pendant leur abfence, par des Gendarmes choifis par les Commandans des compagnies.

X X X V I.

Congés des Gendarmes, &c.

LES Gendarmes qui pourront s'abfenter en vertu des congés qu'ils en auront obtenus, ne pourront excéder le tiers de la brigade ; bien entendu qu'ils ne pourront fe fervir de ces congés pour venir à Paris, fans une permiffion expreffe & par écrit du Commandant

B

des compagnies, visée de l'Aide-major en l'absence du Major; Voulant Sa Majesté, que ceux qui seront trouvés à Paris sans cette permission soient cassés.

X X X V I I.

Récompense des Gendarmes qui auront servi
vingt ans.

Les Gendarmes qui après avoir servi vingt ans dans la Gendarmerie, & qui par leurs infirmités se trouveront hors d'état de continuer leurs services, auront le choix ou d'être reçus à l'Hôtel royal des Invalides, comme Lieutenans de Cavalerie, ou de se retirer chez eux & non ailleurs, avec leur solde entiere.

X X X V I I I.

Récompense des Gendarmes qui auront
des blessures.

Ceux desdits Gendarmes qui n'auroient pas vingt ans de service, mais qui pour raison de blessures considérables, reçues à la guerre, seroient hors d'état de continuer, auront de même le choix d'être reçus à l'Hôtel royal des Invalides, comme Lieutenans, ou de se retirer chez eux & non ailleurs, avec la moitié de leur solde.

X X X I X.

Récompense des Gendarmes qui n'auront
pas vingt ans de service.

Les Gendarmes qui n'auront pas vingt ans de

service, qu'au moyen de ceux qu'ils auront rendus antérieurement dans d'autres corps, & qui ne pourront plus les continuer, auront le choix, ou d'être reçus à l'Hôtel royal des Invalides, comme bas Officiers, ou de se retirer chez eux & non ailleurs, avec la moitié de leur solde.

X L.

Prix des charges des Officiers supérieurs.

SA MAJESTÉ ayant donné une composition uniforme aux dix compagnies de la Gendarmerie, a jugé à propos de régler aussi un prix uniforme aux charges des Officiers supérieurs, & Elle veut que le prix desdites charges soit fixé; savoir,

Les charges de Capitaines-lieutenans, à cent cinquante mille livres.

Celles de Sous-lieutenans, à cent vingt mille livres.

Celles d'Enseignes & du Guidon des Gendarmes Ecossois, à quatre-vingts mille livres.

Et celles de Guidons des autres compagnies, à soixante mille livres.

Voulant en conséquence Sa Majesté que ceux desdits Officiers supérieurs, qui n'auront pas payé le prix fixé par le présent article, déposent incessamment la somme qu'ils auront à payer pour parvenir à ce taux, chez le Trésorier général de l'Ordinaire des guerres.

X L I.

Taux des brevets de retenue.

SA MAJESTÉ en fixant le prix defdites charges, a bien voulu augmenter en même temps le taux auquel Elle avoit précédemment réglé que pourroient être portés les brevets de retenue qu'Elle veut bien accorder fur ces charges, & Elle a réglé qu'à l'avenir.

Les brevets de retenue des Capitaines-lieutenans pourront être portés jufqu'à quatre-vingts mille livres.

Ceux des Sous-lieutenans jufqu'à foixante mille livres.

Et ceux des Enfeignes jufqu'à vingt mille livres.

L'intention de Sa Majefté n'étant point d'en accorder aux Guidons.

X L I I.

Forme pour l'exécution de l'ordonnance.

POUR parvenir à la nouvelle compofition prefcrite pour les dix compagnies de Gendarmerie; Sa Majefté ordonne au fieur Comte de Lordat, Major & Infpecteur de la Gendarmerie, de fe rendre inceffamment dans les quattiers qu'elle occupe, pour procéder fur le champ à l'incorporation des fix compagnies de Chevaux-légers de la maniere prefcrite par l'article II.

XLIII.

Les moins anciens Officiers de chaque grade réformés.

Aussitôt après l'incorporation, le Capitaine-lieutenant, le Sous-lieutenant, l'Enseigne & le Guidon, les moins anciens, chacun dans leur grade, des deux compagnies incorporées, cesseront les fonctions de leurs charges & seront réformés.

Remboursement des brevets de retenue & du prix des charges des Officiers reformés.

Sa Majesté donnera ses ordres pour faire rembourser incessamment les brevets de retenue que quelques-uns d'eux ont obtenus; & Elle fera payer annuellement à quatre desdites Officiers, le prix de leurs charges, & à tous, l'intérêt du prix desdites charges, jusqu'à leur parfait remboursement; se réservant Sa Majesté de les remplacer, à mesure que les occasions s'en présenteront; son intention étant qu'alors ils conservent parmi les Officiers de même grade, le rang qu'ils auront eu précédemment.

XLIV.

Les plus anciens Officiers de chaque grade conservés.

Le Capitaine-lieutenant, le Sous-lieutenant, l'Enseigne & le Guidon, les plus an-

ciens, chacun dans leur grade, des deux compagnies incorporées, resteront pourvus des
quatre charges de la compagnie, & Sa Majesté leur fera expédier les nouvelles provi-
sions ou les brevets dont ils pourront avoir
besoin.

X L V.

Dresser un état de ceux qui devront être
admis à l'Hôtel royal des Invalides.

Il sera ensuite dressé un état, contenant
les noms & services des Brigadiers, Sous-
brigadiers & Gendarmes qui seront par leurs
infirmités dans le cas d'être admis à l'Hôtel
royal des Invalides, en conséquence des réglemens arrêtés pour la Gendarmerie ; le Major enverra ledit état au Secrétaire d'Etat
ayant le département de la guerre, qui leur
fera expédier des routes pour s'y rendre.

X L V I.

Formation des trois Brigades.

Le Major formera ensuite les trois brigades dans chaque compagnie, & les com-
posera chacune du nombre d'hommes & de
chevaux, fixé par l'article VII ; observant
de choisir dans les Gendarmes, les meilleurs
sujets & ceux qui se seront le plus distingués
par leurs services ; & les chevaux les plus en
état de servir : Il aura aussi grande attention
de distribuer également dans les trois brigades

les plus anciens Gendarmes qui feront confervés dans la compagnie.

XLVII.

Etabliſſement des Maréchaux-des-logis, Brigadiers, &c. dans chaque brigade.

Les trois brigades ainſi compoſées, il placera à chacune, les deux Maréchaux-des-logis & les deux Brigadiers ou Sous-brigadiers qui doivent y être attachés, ſuivant leur ancienneté:

Il établira pour Porte-étendard, le plus ancien Porte-étendard des deux compagnies incorporées, & fera prendre au ſecond une place d'Appointé:

Il fera procéder enſuite au choix des ſujets qui feront les plus propres à remplir les places de Fourriers, conformément à l'article XX; il ſuppléera, pour cette fois ſeulement, aux Capitaines-lieutenans qui ſe trouveront abſens, & il établira dans chaque compagnie les ſujets qu'il croira devoir préférer.

XLVIII.

Formation des quatre compagnies du Roi.

Le Major procédera enſuite à la compoſition nouvelle des quatre compagnies qui n'auront point reçu d'incorporation; il y placera les Maréchaux-des-logis & les Brigadiers ou Sous-brigadiers qui ſe feront trouvés de trop dans les ſix autres compagnies; il y fera auſſi entrer tous les Gendarmes & les chevaux excédans des autres compagnies, & qu'il trouvera en état de servir.

XLIX.

Maréchaux-des-logis & Brigadiers excédans réformés.

APRÈS la formation des dix compagnies de la Gendarmerie, sur le pied de la nouvelle composition, les Maréchaux-des-logis & les Brigadiers & Sous-brigadiers qui se trouveront excédans, seront réformés, & jouiront en pensions, sur le Trésor royal; savoir, les Maréchaux-des-logis, de six cents livres; & les Brigadiers ou Sous-brigadiers, de trois cents livres.

L.

Gendarmes excédans réformés avec trente-six livres de gratification.

LES Gendarmes qui se trouveront excédans, seront aussi réformés, & il leur sera donné, en remettant leur bandouliere, des congés pour se retirer chez eux avec leurs habit, chapeau & épée : Voulant Sa Majesté qu'avant leur départ, il leur soit fait en présence du Commissaire des guerres ordonné à la police de la Gendarmerie, le décompte de ce qui pourra lui être dû de leur solde, jusques & compris le jour de leur réforme, quand même il seroient absens par congés, & que cette somme leur soit payée fur le champ, par l'Officier chargé du détail de la brigade dans laquelle ils auront fervi.

Il fera auffi donné à chacun de ceux qui feront préfens, une gratification de trente-fix livres pour fe retirer chez eux.

L I.

Vente des chevaux excédans au profit des Chefs de brigade.

A l'égard des chevaux qui feront excé-dans, Sa Majefté a bien voulu les laiffer à la difpofition des Chefs de brigade, fous la condition de payer à chacun des Gendarmes de leur brigade qui feront congédiés, la fom-me de trente-fix livres, réglée par l'article L.

L I I.

Procès-verbaux de la nouvelle compofition.

L'INTENTION de Sa Majefté eft qu'il foit dreffé, par le Commiffaire des guerres à la conduite & police de la Gendarmerie, qui fera préfent à l'exécution de la préfente or-donnance, des procès-verbaux de la nouvelle compofition des dix compagnies de la Gen-darmerie, defquels procès-verbaux il enverra des doubles au Secrétaire d'Etat ayant le dé-partement de la guerre, & au Tréforier gé-néral de l'Ordinaire des guerres : Voulant Sa Majefté que les Appointemens, la Solde & la Maffe réglés aient lieu, à commencer du jour & de la date defdits procès-verbaux;

dérogeant Sa Majefté à tous réglemens & ordonnances précédemment rendus concernant la Gendarmerie, en tout ce qui s'y trouvera de contraire à la préfente.

MANDE & ordonne Sa Majefté, aux Capitaines-lieutenans defdites compagnies, & en leur abfence à ceux qui les commandent, au fieur Comte de Lordat, Major & Infpecteur de la Gendarmerie, aux Commiffaires des guerres à la conduite & police dudit Corps, de tenir la main à l'exécution de la préfente ordonnance, laquelle Sa Majefté veut être lue & publiée à la tête de la Gendarmerie, à ce qu'aucun n'en prétende caufe d'ignorance. FAIT à Verfailles le cinq Juin mil fept cent foixante-trois. *Signé* LOUIS. *Et plus bas*, LE DUC DE CHOISEUL.

ORDONNANCE DU ROI,

Concernant l'Etat-major de la Gendarmerie.

Du 8 Juin 1764.

DE PAR LE ROI.

SA MAJESTÉ jugeant convenable au bien de son service, & à la discipline & police de la Gendarmerie, de créer dans ce Corps un Major en second & deux Aides-major, pour correspondre audit Major en second; Elle a, en conséquence, ordonné & ordonne ce qui suit :

ARTICLE PREMIER.

A commencer de ce jour, il sera établi dans la Gendarmerie, un Major en second, lequel jouira de huit mille livres d'appointemens par an, qui lui seront payés de la même maniere que les appointemens des autres Officiers de l'Etat-major sont payés.

II.

LE Major en second sera obligé de résider au Corps, sans pouvoir s'en absenter, que par une permission expresse de Sa Majesté, il sera subordonné au Major-Inspecteur, comme l'Aide-major l'étoit auparavant; il aura le rang de Sous-lieutenant, du jour de son brevet, & le commandement sur tous les Sous-lieutenans du Corps, après les Capitaines-lieutenans & le Major-Inspecteur.

I I I.

LA charge d'Aide-major de la Gendarmerie, telle qu'elle existoit, sera supprimée; & Sa Majesté crée deux charges d'Aides-major, aux appointemens de quatre mille cinq cent livres par an, pour chacun des Officiers qui en seront pourvus, lesquels à commencer de ce jour en seront payés de la même maniere que les appointemens des autres Officiers de l'Etat-major de ce Corps sont payés.

I V.

CES deux Aides-major seront subordonnés au Major en second; ils auront l'un & l'autre le rang d'Enseigne, des jour & date de leur brevet d'Aide-major, & le commandement sur tous les Enseignes du Corps.

V.

LES Sous-aides-major seront subordonnés aux Aides-major, auxquels ils correspondront suivant qu'il sera réglé par le Major-Inspecteur, relativement aux détails dont chaque Aide-major & Sous-aide-major devra être personnellement chargé.

V I.

SA MAJESTÉ jugeant avoir pourvu par la nouvelle compofition qu'Elle vient de donner à l'Etat-major de la Gendarmerie, à ce qu'il y ait affez d'Officiers pour tenir la main à l'exactitude du fervice, à la difcipline & à la tenue de ce Corps, Elle difpenfe les Sous-lieutenans du fervice de mois ; & fon intention eft qu'à l'avenir il ne foient affujettis pendant la paix à réfider au Corps que les trois mois fixés par l'Ordonnance du 5 Juin 1763, concernant la Gendarmerie.

V I I.

VEUT au furplus Sa Majefté que ladite Ordonnance du 5 Juin 1763 foit exécutée dans toute fon étendue, à la réferve feulement de ce qui pourroit être contraire à la préfente.

MANDE & ordonne Sa Majefté aux Capitaines-lieutenans des compagnies de fa Gendarmerie, & en leur abfence, à ceux qui les commandent, au fieur Chevalier de Ray, Major & Infpecteur dudit Corps, & aux Commiffaires des guerres à fa conduite & police, de tenir la main à l'exécution de la préfente Ordonnance, laquelle Sa Majefté veut être lue & publiée à la tête de la Gendarmerie à ce qu'aucun n'en prétende cause d'ignorance. FAIT à Versailles le huit Juin mil sept cent soixante-quatre. *Signé* LOUIS. *Et plus bas*, LE DUC DE CHOISEUL.

RÉGLEMENT

DE SA MAJESTÉ,

Concernant les Habillemens, Armemens & Equipemens de sa Gendarmerie.

Du 25 Février 1766.

DE PAR LE ROI.

SA MAJESTÉ voulant régler invariablement les parties de l'habillement, armement & équipement de sa Gendarmerie, a ordonné, & ordonne ce qui suit

ARTICLE PREMIER.

Habit du Gendarme.

L'HABIT sera de drap écarlate, paremens, collet, & revers du même drap, doublure de serge chamois à l'exception de la manche qui sera doublée de toile.

L'habit, les revers, paremens & pattes des poches seront bordés d'un galon d'argent à feston large d'un pouce, chaque revers sera

garni de six brandebourgs, & le deſſous de chaque côté de l'habit ſera garni de deux brandebourgs du même galon.

Le collet de l'habit ſera bordé d'un petit
galon d'un demi-pouce de large, même deſſein que le galon d'un pouce.

L'épaulette ſera d'un galon d'argent mêlé
de ſoie de la couleur des compagnies.

Chaque habit ſera garni de dix gros boutons & de dix-huit petits ſur les revers &
ſur les paremens des manches.

Habit du Gendarme appointé.

L'habit du Gendarme appointé ſera le même
que celui du Gendarme; il ſera de plus garni
aux paremens d'un deuxiéme galon de pareille
largeur que celui de l'habit.

Habit du Fourrier.

L'habit du Fourrier ſera le même que celui
du Gendarme, & de plus deux brandebourgs
de galon d'un pouce de large ſur chaque parement.

Habit du Porte-étendard.

L'habit du Porte-étendard ſera le même
que celui du Gendarme, & de plus un ſecond galon d'un pouce & demi, galonnant à
la Bourgogne le haut & la pente du parement.

Habit du Sous-brigadier.

L'habit du Sous-brigadier, ſera le même
que celui du Gendarme, & de plus un deuxié-

me galon large d'un pouce & demi sur les paremens, un galon autour de chaque poche, un écusson de galon à chaque bouton des hanches couvrant la couture du pli des côtés, & une deuxiéme épaulette.

Habit du Brigadier.

L'habit du Brigadier sera le même que celui du Gendarme, il aura de plus un galon autour de chaque poche, trois galons sur les paremens dont l'un de la largeur d'un pouce & demi renfermé par deux autres galons larges d'un pouce, & un écusson de galon à chaque bouton des hanches couvrant la couture du pli des côtés & une deuxiéme épaulette.

I I.

Façon de l'habit.

LE parement de l'habit sera de quatre pouces & demi de hauteur, fermé en-dessous par trois petits boutons.

Les revers auront trois pouces & demi de largeur au deuxiéme bouton de la partie supérieure, trois pouces au dernier bouton du bas du revers, & dix-huit pouces de hauteur.

Le collet sera renversé de dix-huit lignes de hauteur, les pointes seront fixées sous les revers au moyen du dernier bouton.

Les poches seront en travers, les pointes des pattes un peu arrondies.

L'habit se portera déboutonné, les basques
retroussées,

retrouſſées, & agraffées, & croiſées par derriere au bas de la taille, il n'y aura qu'un
ſeul pli qui ſera ouvert dans la partie ſupérieure juſqu'à la moitié de ſa longueur, & le
ſurplus ſera fermé par une couture.

I I I.

Veſte & Culotte.

LA veſte ſera ſans poches, de drap couleur de chamois, doublée de toile de coton
écrue, les pointes des baſques un peu arrondies, elles devront avoir quatre pouces &
demi de longueur du dernier bouton de la
veſte; elle ſera garnie de ſeize petits boutons
argentés & aſſortis à ceux de l'habit.

La culotte ſera de couleur chamois.

I V.

Manteau.

LE manteau ſera de drap écarlate doublé
en entier ſuivant l'uſage, & parmenté de ſerge chamois.

Le collet ſera bordé d'un galon d'un pouce
de large pareil à celui de l'habit.

V.

Surtout des Brigadiers, Sous-brigadiers & Gendarmes.

LE ſurtout ſera de drap écarlate doublé
de ſerge chamois, le parement coupé de quatre
pouces & demi de hauteur, & fermé au-deſ-

fous pat trois petits boutons; le collet &
les autres parties du furtout feront coupées
& façonnées de même forme & proportion
qu'il eft réglé pour le grand uniforme, les
boutons feront lés mêmes, lés bafques retrouffées & agraffées.

Le Gendarme portera une épaulette d'argent à frange mêlée de foie des couleurs des
compagnies.

Les Brigadiers & Sous-brigadiers en porteront une de chaque côté.

V I.

Menues fournitures d'Habillement.

Le chapeau fera bordé d'un galon large
d'un pouce & demi du même deffein que
celui de l'habit.

La cocarde fera blanche.

La cravate de velours noir & à boucle.

Les Gendarmes fous les armes à pied n'ayant
pas de guêtres, doivent avoir des bas blans,
& boucles uniformes pour fouliers.

Les cheveux feront noués en queue, couverts d'un ruban de foie noire avec une petite rofette.

Les manchettes des chemifes feront d'un
pouce & demi de hauteur.

Les gants feront de chamois à pates fortes, ils feront de qualité à pouvoir n'être
remplacés que tous les deux ans.

Les manchettes de bottes feront de bafin blanc.

VII.

Bottes fortes.

LES bottes fortes feront à petites genouilleres de fix pouces de hauteur, le bout du pied arrondi, & l'éperon placé à deux pouces & demi du talon ayant une feule boucle en dehors, la couroye en forme de fole & piquée.

VIII.

Armemens & Buffeteries.

LA bandouliere fera de peau blanche de trois pouces huit lignes de largeur & de quatre pieds fix pouces de longueur, bordée d'un galon d'argent à fefton d'un côté, large d'un pouce, du même deffein que celui de l'habit, le milieu fera rempli par un galon de foie des couleurs de la compagnie, ayant dans fon milieu un lizeret en argent; les deux bouts de la bandouliere feront terminés par une petite plaque de fer poli, fur l'une defquelles il fera foudé un petit porte-moufqueton & fur l'autre une petite branche de fer recourbée en forme d'anneau, le crochet du porte-moufqueton fera fupprimé.

Le ceinturon à la hongroile de buffle blanc de quatre pieds de longueur, large de trente lignes fans piquure, il fera garni d'une forte boucle de fer poli avec ardillon & chape de même métal, ouverte pour y passer un crochet de fer poli qui sera cousu à l'extrêmité de la gauche du ceinturon, les deux petites couroyes qui portent le sabre seront de dix-huit lignes de large avec chacune une petite boucle de fer poli & quarrée.

Le ceinturon sera porté sur la veste.

La garde du sabre couverte de trois branches à coquille pleine & piquetée de fer bronzé, la lame à dos & pleine de trente-six pouces de longueur, quatorze lignes de largeur, & cinq lignes d'épaisseur près de la soie allant en diminuant jusqu'à la pointe coupée du côté du tranchant.

Le fourreau du sabre sera d'un seul cuir fort de double semelle sans bois & garni de virolles, bout & enchappures de fer bronzé ainsi que les anneaux ou bellieres où passent les petites couroyes du ceinturon.

Le cordon du sabre mêlé en argent & soie de la couleur des compagnies, avec un seul gland à franges.

Le mousqueton aura deux pieds six pouces quatre lignes de longueur du canon, les baguettes seront de fer, la grenadiere de cuir rouge à boucle coulante.

Les pistolets auront neuf pouces de canon.

Le plastron de cuirasse sera de fer bronzé, doublé de toile matelassé & bordé de drap écarlate feftonné, les bretelles feront de cuir rouge, les boucles & agraffes de fer bronzé. La calotte de fer bronzé.

I X.

LA felle d'armes uniforme fera de cuir fauve, la longueur du fiége fera de quinze pouces, la hauteur du trouffquin fera de deux pouces & demi, la hauteur du derriere du quartier de quinze pouces un quart, la longueur du couffinet huit pouces, la largeur onze pouces & demi, l'arçon à la francoife nervé & ferré, les crampons à viffes, la boucle de croupiere au-deffus du quartier de derriere, trois couroyes de charge & deux petites pour le manteau, les étriers de fer bronzé, les étrivieres feront de cuir façon d'Angleterre, & auront quinze lignes de largeur, les fontes feront en cuir fort recouvert d'un cuir de Ruffie, foutenues par un morceau de cuir fort, embraffant les battes du devant de la felle & affujetti fur le devant des quartiers, le bout de chaque fonte fera tenu au poitrail par un rond de cuir à boucle.

Indépendamment des parties d'équipement ci-deffus réglées, chaque Gendarme fera pourvu d'un porte-cartouche percé d'onze coups fur deux rangs de forme concave pour embraffer le devant de la fonte droite des piſtolets où elle ſera attachée au moyen d'une couroye.

La monture de bride & filet à la françoiſe, le bridon & le licol de même.

Le mord de bride à canon fermé, les branches droites avec un touret ſoudé en dehors pour y paſſer un anneau propre à y recevoir les rênes, lés boſſettes en cuivre argenté ou métal blanc.

La houſſe & les chaperons à calotte de drap écarlate bordé d'un galon en argent, large d'un pouce du même deſſein que celui de l'habit uniforme, le chiffre de la compagnie ſera brodé ſur chacun des chaperons.

Les rubans pour la queue du cheval ſeront des couleurs de la compagnie, & ſeront noués en rozette, les crins du toupet ſeront couverts du ruban de même couleur.

X.

Habillemens & Armemens des Officiers ſupérieurs.

L'HABIT grand uniforme des Officiers ſupérieurs ſera de drap écarlate, les paremens coupés & fermés par trois petits boutons, les revers & collet de même drap, la doublure de couleur chamois.

Les devants de l'habit, le collet, les revers, les paremens, les pattes des poches, & les baſques du devant & du derriere de l'habit, de même que les retrousses desdites basques, seront bordés d'un galon d'argent large d'un pouce, à feston & à crête ; le dessein sera le même que le galon de l'habit du Gendarme, chaque revers sera garni de cinq brandebourgs en galon large & du même dessein que le bordé.

Le dessous du revers de chaque côté de l'habit sera garni de deux brandebourgs & les basques de derriere le seront de même de pareil nombre ; les pattes & les poches seront entourés d'un second galon d'un pouce & demi de large, le haut & la pente des paremens seront galonnés à la bourgogne du même galon ; toutes les coutures de l'habit & le pli des basques, depuis le bouton de la taille sous lequel il y aura un écusson de galon d'un pouce & demi de large, seront galonnés jusqu'au bas du même galon.

Les boutons en argent de la même forme que ceux de l'habit du Gendarme.

Le chapeau bordé d'un galon d'un pouce & demi de large à feston & à crête, même dessein que celui de l'habit.

La cravate noire.

La cocarde blanche.

Les gants chamois.

L'uniforme des Maréchaux-des-logis sera le même que celui des Officiers supérieurs à l'exception que le galon sera sans crête.

L'habit des Fourriers-majors sera le même que

celui des Maréchaux-des-logis, à l'exception qu'au lieu du double galon fur les paremens il y fera fubftitué deux brandebourgs fur chacun.

L'uniforme des Officiers fupérieurs fera exécuté dans la même forme, & dans les mêmes proportions, coupe de poches & pofition de boutons, qui ont été réglées pour l'habit du Gendarme, les bafques feront retrouffées & agraffées.

La vefte des Officiers fupérieurs fera de drap chamois fans pattes de poches, les bafques du devant de cinq pouces depuis le dernier bouton de la taille, les pointes un peu arrondies, le devant fera galonné à la bourgogne d'une broderie en fil d'argent & paillettes de même deffein que celui qui eft en ufage, le bord fera d'un pouce & la grande broderie d'un pouce & demi ; la vefte fera garnie de feize petits boutons en fil d'argent & paillettes.

Les Maréchaux-des-logis porteront la vefte telle qu'elle eft réglée pour les Officiers fupérieurs, à l'exception de la grande broderie d'un pouce & demi & des paillettes.

L'épée uniforme des Officiers fera à garde couverte de quatre branches en acier bronzé, la coquille pleine & piquetée, la lame de trente-trois pouces de longueur pleine & à dos de quatre lignes d'épaiffeur près de la foie, & de douze lignes de largeur diminuant juf-

qu'à la pointe coupée du côté du tranchant;
le fourreau garni d'anneaux, bout & enchap-
pure de fer bronzé.

Le cordon de l'épée en argent mêlé de
soie des couleurs de la compagnie, ayant un
seul gland avec franges & cordelieres.

Le ceinturon à la hongroise de peau blanche, bordé d'une petite broderie en fil d'argent, & paillettes, les boucles & ardillons
en argent, le ceinturon sera placé sur la veste;
les Maréchaux-des-logis ne porteront point
de paillettes dans la broderie du ceinturon.

La cuirasse entiere de fer bronzé, les bretelles en velours cramoisi, garnies d'un petit
galon en argent, boucles & agraffes argentées.

Les pistolets seront de la même longueur
qu'il est réglé pour les Gendarmes.

X I.

Equipages des Officiers supérieurs & des Maréchaux-des-logis.

L'ÉQUIPAGE du cheval pour les Officiers
supérieurs sera composé d'une housse & de
deux chaperons à calotte en velours cramoisi,
garnis d'un galon d'argent à feston & à crête
de deux pouces & demi de largeur, même
dessein que celui de l'habit uniforme, il sera
cousu au-dessous une frange en argent mêlée
de cordelieres de la hauteur de quatre doigts,
le chiffre de la compagnie sera brodé sur chacun des côtés de la housse & des chaperons.

La housse & les chaperons à calottes pour

les Maréchaux-des-logis feront de drap écarlate galonnés à la bourgogne d'un bordé d'un
pouce de largeur & d'un grand galon de deux
pouces à feston fans crête, du même deffein
que le galon de l'habit uniforme, le chiffre
de la compagnie brodé fur chacun des côtés
de la houffe & des chaperons.

Les Officiers fupérieurs & Maréchaux-des-
logis doivent être montés fur des chevaux
d'efcadrons à tous crins, & les Officiers majors fur des chevaux à queue coupée.

X I I.

Surtout brodé des Officiers fupérieurs & *Maréchaux-des-logis.*

Le furtout des Officiers fupérieurs fera de
drap écarlate des mêmes formes & proportions
que le grand uniforme, il fera brodé d'une
broderie d'un pouce de largeur en fil d'argent,
& paillettes, même deffein de la broderie de
l'ancien furtout à colonnes torfes à trois
côtés d'une ligne de large chacune, ornées
de palmes à deux pouces l'une de l'autre.

Le revers fera garni de fept brandebourgs
de la même broderie, & de deux autres de
chaque côté fous le revers jufqu'à la poche.

Le parement fera brodé d'une feconde broderie d'un pouce & demi de large, indépendamment de celle d'un pouce dont il fera bordé.

Les poches & les pattes feront entourées
d'une broderie d'un pouce de largeur, le deffus
du bouton fur les hanches fera bordé en forme

d'écuſſon de la même broderie pour couvrir la couture du pli des côtés.

Les boutons feront en fil d'argent & paillettes.

Les Maréchaux-des-logis & Fourriers-majors porteront le furtout brodé comme les Officiers fupérieurs, à l'exception qu'il n'y aura point de paillettes.

Les Fourriers-majors feront diſtingués par deux brandebourgs brodés fur les paremens, au lieu de la double broderie.

X I I I.

Armement, Habillement, Equipement du Timbalier & des Trompettes.

Les caſaques du Timbalier & des Trompettes feront telles qu'elles l'ont été juſqu'ici, ainſi que les manteaux, & feront fournis comme par le paſſé.

La veſte de drap écarlate fans poches, bordée d'un galon uni en argent d'un pouce de largeur.

La culotte écarlatte.

Le chapeau bordé d'un galon d'argent uni large d'un pouce & demi, l'épée uniforme & le foureau; les cravates, cocardes & gants feront les mêmes que ce qui a été réglé pour le Gendarme; les cheveux feront également liés en queue.

Le cordon de l'épée en argent & foie des couleurs de la livrée du Roi.

Le ceinturon à la françoiſe de peau blanche

bordé d'un petit galon uni en argent, renfermant dans le milieu un galon livrée du Roi, il sera porté sur la casaque boutonnée.

Les bottes seront molles.

La housse & les chaperons à calottes de drap bleu teint en laine, bordés d'un galon livrée du Roi, d'un pouce & demi de largeur ayant dans le milieu un petit galon d'argent d'un demi pouce de large, le chiffre de la compagnie sera brodé sur chaque côté de la housse.

La housse du cheval du Timbalier sera galonnée à la bourgogne d'un petit galon livrée du Roi, large d'un pouce, & d'un autre large de deux pouces dont le milieu de huit lignes sera en argent.

Le Timbalier & les Trompettes seront montés sur des chevaux gris à tous crins.

Le surtout du Timbalier & des Trompettes sera de drap bleu doublé de serge rouge, le collet sera bordé d'un galon large d'un pouce, les paremens coupés & fermés avec trois petits boutons, seront bordés d'un même galon que le collet, les poches seront placées dans les plis du surtout.

X I V.

Couleurs distinctives pour les Bandoulieres & Epaulettes des dix compagnies.

LA couleur *jonquille* sera affectée à la compagnie des Gendarmes Ecossois.

Le *violet*, à celle des Gendarmes Anglois.

Le *gros-verd*, à celle des Gendarmes Bour-guignons.

La *feuille-morte*, à celle des Gendarmes de Flandre.

Le *rouge-ponceau*, à celle des Gendarmes de la Reine.

Le *Bleu-céleste*, à celle des Gendarmes Dauphin.

Le *bleu-de-roi*, à celle des Gendarmes de Berry.

Le *verd-d'eau*, à celle des Gendarmes de Provence.

Le *cramoisi*, à celle des Gendarmes d'Artois.

Le *soucy*, à celle des Gendarmes d'Orléans.

Et pour qu'il ne puisse être à l'avenir introduit aucun changement dans les parties de l'uniforme ci-dessus réglé, Sa Majesté ordonne au Major-Inspecteur de la Gendarmerie de tenir la main à l'exécution des dispositions du présent Réglement, de l'informer de ce qui pourroit y arriver de contraire, & de demeurer dépositaire d'un modéle de chaque objet pour servir de régle, & de piéce de comparaison aux différentes parties qui seront dans le cas d'être remplacées par la suite.

FAIT à Versailles le vingt-cinq Février mil sept cent soixante-six.

ORDONNANCE DU ROI,

Portant Réglement concernant l'établissement du Corps de la Gendarmerie à Lunéville.

Du premier Août 1767.

SA MAJESTÉ ayant reconnu que rien n'est plus contraire à l'esprit militaire des compagnies d'ordonnance de sa Gendarmerie, que leur dispersion dans différens quartiers, & voulant continuer de donner à ce Corps des marques particulieres de sa satisfaction, en considération de ses services à la guerre, & des exemples éclatans de sa valeur que présente l'histoire de la monarchie, Elle a ordonné & ordonne ce qui suit.

TITRE PREMIER.

Du Logement.

ARTICLE PREMIER.

Distribution des logemens.

LEs dix compagnies d'ordonnance de la Gendarmerie seront réunies dans les châteaux & dépendances, situés dans la ville de Lunéville, & Sa Majesté entend que pour cet établissement seulement, l'usage de tirer les quartiers au sort n'ait point lieu, veut que la compagnie des Gendarmes Ecossois occupe les deux ailes des bâtimens de la cour royale; les compagnies des Gendarmes Anglois & des Bourguignons, les bâtimens de la premiere cour; la compagnie des Gendarmes de Flandre, le corps de bâtiment de l'ancienne Orangerie; les compagnies des Gendarmes de là Reine & des Gendarmes Dauphin, l'hôtel ci-devant des Cadets; & les compagnies des Gendarmes de Berri, de Provence, d'Attois & d'Orléans, l'hôtel ci-devant des Gardes-du-Corps.

I I.

Logement des Officiers supérieurs.

Les Capitaines-lieutenans, Sous-lieutenans, Enseignes & Guidons, seront logés dans le corps du Château de Lunéville, suivant leurs grades & le plus commodément que faire se pourra; il sera donné par compagnie une salle à manger, une cuisine, une office, une cave, une écurie de dix chevaux & quatre remises pour des voitures; en temps de guerre Sa Majesté donnera des ordres pour qu'il leur soit donné des écuries proportionnellement au nombre de chevaux attribués à leurs grades.

I I I.

Logement de l'Etat-major.

Le Major-Inspecteur, Major en second, les deux Aides-major, les quatre Sous-aides-major, le premier Commiſſaire, le Commiſſaire de ſervice, les deux Aumôniers, le Tréſorier & le Chirurgien-major ſeront placés dans les logemens qui leur ſeront aſſignés, il leur ſera donné des écuries & remiſes proportionnellement à leurs grades & à leurs états.

I V.

Logement des Maréchaux-des-logis.

Les Maréchaux-des-logis ſeront logés ſuivant le grade de Capitaine de Cavalerie, le plus près de leurs brigades que faire ſe pourra ; leur logement ſera compoſé de deux chambres, dont une pour leur domeſtique.

V.

Logement des Brigadiers, Sous-brigadiers, Porte-étendards & Fourriers.

Les Brigadiers, Sous - brigadiers, Porte-étendards & Fourriers ſeront logés ſuivant le grade de Lieutenant de Cavalerie, avec leurs brigades, autant que le local le permettra.

V I.

Supplément de logement donné aux Détailleurs.

Il ſera donné au Détailleur de chaque

brigade

brigade un emplacement à portée de son logement pour ferrer les effets de la brigade.

V I I.

Logement des Gendarmes.

Les Gendarmes feront logés deux, trois ou quatre dans la même chambre, fuivant fa grandeur, en obfervant de réferver dans chacune des chambres, l'emplacement néceffaire pour placer les lits des augmentations fucceffives, & même celles de la guerre.

V I I I.

Diftribution des Logemens des Brigades.

Les logemens des Gendarmes feront établis de proche en proche, divifés par efcouades, par brigades & par compagnies, de façon que les rangs des chambrées fe fuivent, par divifions & fubdivifions, autant que faire fe pourra.

I X.

Chambre pour l'Ordinaire des Gendarmes.

L'ordinaire fe fera toujours dans la chambre de l'Appointé : Il n'y logera perfonne en temps de paix, & l'Appointé feulement en temps de guerre, afin de laiffer affez de place pour les Gendarmes qui doivent compofer cet ordinaire.

X.

Logement du Timbalier & des Trompettes.

Le Timbalier fera logé feul, les trois Trompettes d'une compagnie feront logés dans la même chambre, &, fous quelqué prétexte que ce foit, il ne pourra en être établi moins dans chacune; en obfervant qu'il fe trouve affez de place pour que fix Trompettes réunis de deux compagnies, puiffent faire ordinaire enfemble; les logemens du Timbalier & des trente Trompettes, feront rapprochés les uns des autres, autant qu'il fera poffible, tant pour tenir leur école d'inftruction que pour l'exécution de leur fervice & police intérieurs prefcrite par la préfente Ordonnance.

X I.

Logement des dix Chirurgiens de Compagnie.

LES logemens des Chirurgiens des compagnies feront placés à portée des compagnies, attendu l'efpéce de fervice auquel ils font employés; ils feront logés feuls.

X I I.

Logement des dix Maréchaux ferrants.

CHACUN des Maréchaux ferrants fera logé à portée de l'écurie de la compagnie à laquelle il fera attaché, & comme chacun d'eux eft obligé d'avoir un Garçon Maréchal, Sa Majefté veut bien qu'ils foient logés feuls, fans tirer à conféquence; il leur fera donné des forges. . . . . .

XIII.

Logement des Valets de Brigade.

Les Valets de brigade seront couchés deux à deux, & logés le plus à portée des écuries que faire se pourra, en observant qu'il sera placé un lit pour deux dans chaque écurie où seront les chevaux de la brigade à laquelle ils sont attachés ; s'il se trouve dans la même écurie des chevaux de plusieurs brigades, il couchera toujours dans les écuries autant de deux Valets qu'il y aura de brigades dans la même écurie.

XIV.

Défense de donner plus d'une chambre pour les Valets d'une Brigade.

Les chambres des Valets contiendront quatre lits pour huit, de façon, qu'y compris celui d'écurie pour deux, tous les Valets d'une brigade puissent être logés dans une seule chambre, quelqu'augmentation qu'il y ait dans la Gendarmerie, les Maréchaux-des-logis, Brigadiers, Détailleurs & Fourriers y tiendront la main.

XV.

Défenses de donner des logemens à autres que ceux portés par ladite Ordonnance.

Il ne sera permis à aucun Officier de

donner ou de permettre qu'il foit donné plus de logement qu'il n'en eſt porté par la préſente Ordonnance, ſous quelque prétexte que ce puiſſe être, & ſous quelque dénomination que ce ſoit. Perſonne ne pourra être logé à la ſuite de la Gendarmerie que ceux que Sa Majeſté a déſignés par la préſente Ordonnance : ceux qui y auront contrevenu dans le Corps ſeront punis, & celui qui ſeroit trouvé occupant un logement ſera mis en priſon.

X V I.

Les chambres des Officiers ſupérieurs étiquetées au-deſſus des portes.

Toutes les chambres des Officiers ſupérieurs de l'Etat-major & autres ſeront étiquetées, au-deſſus des portes, du grade qu'aura dans le Corps celui qui devra l'occuper.

X V I I.

Inſcriptions ſur les Portes principales.

A chaque corps de bâtiment contenant une, ou deux, ou un plus grand nombre de compagnies, il ſera mis ſur la principale porte d'entrée, une inſcription portant *Hôtel de Gendarmerie*, avec les noms des compagnies qui y ſeront logées.

X V I I I.

Emplacemens intérieurs des Compagnies & Brigades numérotées.

Chaque emplacement de compagnie dans

l'intérieur, sera inscrit du nom de la compagnie, toutes les divisions par brigades seront numérotées, ainsi que les subdivisions par escouades.

X I X.

Les Chambres des Chirugiens & Maréchaux étiquetées.

LES chambres des Chirurgiens & Maréchaux de compagnies seront étiquetées sur les portes, du nom de leurs états, avec le nom de la compagnie à laquelle chacun sera attaché.

X X.

Les chambres de Valets de brigade numérotées.

LES chambres des Valets seront étiquetées sur les portes, du nom de leurs compagnies & du numéro de leurs brigades.

X X I.

Visite des Logemens.

LA visite des chambres des Brigadiers, Sous-brigadiers, Porte - étendards & Fourriers de chaque compagnie se fera tous les mois par le premier Maréchal-des-logis de la compagnie, & celle des chambres des Gendarmes, des Trompettes, des Chirurgiens, Maréchaux & Valets, se fera tous les quinze jours par le Détailleur de chaque brigade : ce Maréchal-des-logis & ce Détailleur rendront compte de leur visite au Commandant : le Commissaire de service fera aussi la visite générale dont il informera le premier Commissaire.

X X I I.

Logement du Garde-magasin, & des Concierges.

Il sera assigné un logement & emplacement convenables pour former un magasin de fournitures, & loger un Garde-magasin : il sera de même assigné un logement dans le corps du château à un Concierge, & pareillement à chacun des Concierges des hôtels de Gendarmerie, près les portes desdits hôtels.

X X I I I.

Les Officiers supérieurs ne pourront changer leurs logemens entr'eux, sans ordre de la Cour.

Les Officiers supérieurs, Etat-major, & Maréchaux-des-logis, ne pourront changer entr'eux leurs logemens sans en informer le Major-Inspecteur qui, dans ce cas, en rendra compte au Secrétaire d'Etat ayant le département de la guerre.

X X I V.

Les Officiers supérieurs ne pourront conser-
ver leurs anciens logemens lorsqu'ils
monteront à d'autres charges.

LORSQU'UN Officier supérieur montera à
une charge supérieure, il ne pourra conserver
son ancien logement, Sa Majesté voulant
que chacun en montant aux charges occupe
le logement assigné à sa compagnie & à sa
charge.

X X V.

Défenses de changer de Chambres.

SA MAJESTÉ fait défenses aux Brigadiers,
Sous-brigadiers, Gendarmes & autres à la
suite du Corps, de changer de chambres sans
la permission par écrit du Commandant,
visée du premier Commissaire.

T I T R E II.

Ecuries, Manéges, Magasins, Corps-
de-garde, Prisons, Hôpital, Salle
du Conseil & Chapelle.

A R T I C L E P R E M I E R.

Ecuries.

LES écuries seront assignées aux compagnies
en observant qu'elles soient le plus près possi-

ble des logemens qu'elles occuperont : il fera mis fur les portes des infcriptions portant le nom des compagnies, s'il fe trouve un plus grand nombre d'écuries que celles néceffaires au complet actuel, elles feront & demeureront fermées, & les clefs dépofées dans la falle d'Adminiftration, dont la compofition fera réglée ci-après.

I I.

Diftribution des chevaux dans les écuries.

Les chevaux des Maréchaux-des-logis, Brigadiers, Sous-brigadiers, Porte-étendards, Fourriers, Gendarmes & Trompettes feront placés dans les écuries deftinées à chaque compagnie, fur un ou deux rangs, fuivant que les écuries auront été reconnues pouvoir en contenir; la place de chaque cheval fera de trois pieds dix pouces, y compris les barres de féparation.

Lorfque les écuries pourront contenir fur leurs étendues efpacées à trois pieds dix pouces, les chevaux de deux à trois brigades, elles y feront placées de façon que fi les augmentations qui feront ordonnées par la fuite venoient à excéder l'étendue efpacée, on fortiroit une brigade entiere pour la placer près du refte de l'efcadron, afin que les chevaux de toute une brigade ne foient jamais féparés dans plufieurs écuries.

I I I.

Entretien des Ecuries.

Dans les écuries où il y aura des abreuvoirs & robinets, ils feront à l'entretien des Chefs de brigade, ainfi que les lampes qui y feront placées. Les barres de féparations, les mangeoirs, ratelliets, portes & fenêtres, pour les mêmes réparations; les fournitures des uftenfiles d'écurie, ballets, fourches, pelles, fceaux & coffre à avoine, feront auffi à leur entretien & fe feront à leurs dépens. Dans le cas de vétufté, ou d'accidens majeurs dans lefdites écuries, en ce qui concerne les mangeoirs, rateliers, portes, fenêtres, pavés, robinets, lampes & abreuvoirs, le Détailleur de la brigade, ou le Fourrier, en avertira le Commiffaire de fervice, qui, après en avoir fait la vérification, en informera le premier Commiffaire qui ordonnera la réparation des objets inftans à cet égard, & il en fera le rapport à l'affemblée de l'Adminiftration.

I V.

Greniers au-deffus des Ecuries.

Il ne fera permis, fous quelque prétexte que ce puiffe être, de placer pour plus de quatre jours de fourrage dans les greniers qui feront au-deffus des écuries. Veut Sa Majefté que le Fourrier de la brigade foit

puni s'il y contrevient : les Fourriers-majors
feront tenus d'en faire fouvent la vifite, &
ils en rendront compte au Commandant.

V.

Magafin pour les fourrages.

Il fera affigné des magafins par compagnies, ces magafins ferviront à faire des ap-
provifionnemens pour quatre mois. Si chaque
brigade veut féparer les magafins pour fa
commodité, la dépenfe & l'entretien feront
aux frais de chaque Chef de brigade.

V I.

Magafin d'avoine.

Il fera auffi configné des magafins d'avoine
par compagnies, pour fix mois d'approvifion-
nement, on fe conformera pour les féparations à l'article ci - deffus.

V I I.

Manéges.

Les manéges couverts & découverts feront entretenus aux frais de l'Adminiftration:
les objets qui y feront jugés néceffaires à
l'entretien & aux exercices, feront réglés
dans l'affemblée ordonnée chaque année.

V I I I.

Corps-de-Garde.

Les corps-de-garde feront établis, favoir,

Le premier, dans la cour du Château entre les deux grilles.

Le deuxiéme, à l'ancienne Orangerie.

Le troifiéme, à l'hôtel ci-devant des Cadets.

Le quatriéme, à l'hôtel ci-devant des Gardes-du-corps.

Le piquet à cheval, à l'ancien hôtel des remifes du Roi.

I X.

Uftenfiles des Corps-de-garde.

LES corps-de-garde feront fournis par l'Adminiftration, d'un poële, d'une table, d'un lit de camp en planches, fuivant l'ufage, de chaifes de paille, d'un chandelier, d'une lanterne, pelle & pincette, des rateliers pour les armes, & d'un fauteuil pour le Commandant de la garde ; il y aura une guérite pour chaque corps - de - garde.

X.

Vifites des Corps-de-garde.

IL fera affiché dans chaque corps-de-garde un état figné du premier Commiffaire, qui contiendra la fourniture de chaque corps-de-garde, le Commandant de la garde montante fera la vifite defdites fournitures avec le Commandant de la garde defcendante, & un Fourrier-major, qui en rendra compte au Commandant du Corps, les dégradations qui pourroient y être faites feront réparées fur le champ, aux frais de la garde defcendante.

X I.

Chapelle du Château.

Les Aumôniers de la Gendarmerie feront le fervice dans la Chapelle du château : ils auront dans la Sacriftie une armoire deftinée pour les ornemens & détail de la Chapelle de la Gendarmerie.

X I I.

Prifon militaire des Gendarmes.

La prifon affignée pour les Gendarmes fera placée fous le pavillon du château, à côté du corps-de-garde : elle fera entretenue, & le Geolier fera payé, aux frais de ceux qui y feront enfermés ; il fera retenu, à cet effet, par le Détailleur de la brigade, fix fols par jour pour le temps qu'ils auront été en prifon.

X I I I.

Prifon des Valets.

La prifon deftinée aux Valets fera dans un des fouterreins du château près le corps-de-garde : elle fera entretenue, & le Geolier fera payé, aux frais de ceux qui y feront en-fermés ; il fera retenu, par le Détailleur de la brigade, quatre fols par jour pour le temps qu'ils auront été en prifon.

X I V.

Entretien des Bâtimens.

LES cours, grilles, fermetures, bâtimens, couvertures, pavés des cours & écuries, abreuvoirs, généralement tous objets qui ne feront pas de réparations majeures, arrivées par les accidens d'incendies, ouragans, ou vétufté, feront régis & entretenus par l'Adminiftration.

X V.

Jardins.

LES jardins enfermés entre les grilles du château, le château, le grand canal & les murs qui font à droite du côté de l'ancienne route d'Allemagne, les canaux, conduits d'eau pour les abreuvoirs ou réfervoirs, feront de même entretenus par l'Adminiftration, voulant Sa Majefté que les jardins foient ouverts au public à fix heures du matin jufqu'à neuf heures du foir en été, & à huit du matin jufqu'à cinq du foir en hiver.

X V I.

Horloges, Lampes des cours.

LES horloges, lampes des cours, des corridors & des efcaliers, feront entretenues par l'Adminiftration intérieure.

XVII.

Pompes & dispositions en cas d'incendies.

Les pompes pour les incendies, réservoirs, échelles sur les toîts & seaux seront entretenus par l'Administration. Toutes les dispositions en cas d'incendie, seront réglées dans la premiere assemblée de l'Administration & suivies par les soins du premier Commissaire & du Commissaire de service, Sa Majesté enjoignant par la présente Ordonnance aux Officiers municipaux de la ville de Lunéville de se concerter avec le Commandant & avec le Commissaire de la Gendarmerie, pour tout ce qui pourroit être nécessaire à une police de précaution, en cas d'événement. Le Réglement fait & convenu sur ces dispositions entre les personnes dites ci-dessus, sera remis au Secrétaire d'Etat ayant le département de la guerre, par le Major-Inspecteur, & envoyé à l'Intendant de la province par le premier Commissaire.

XVIII.

Hôpital militaire.

Il sera donné un emplacement propre à contenir un hôpital militaire pour les dix compagnies d'ordonnance de la Gendarmerie, & il sera établi par le premier Commissaire, suivant les articles concernant ledit hôpital, rapportés au titre III de la préfente Ordonnance, & dont il fera parlé ci-après.

X I X.

Salle pour les Confeils & Affemblées de l'Adminiftration.

IL fera réfervé, dans le Château de Lunéville, une falle qui fervira de falle de Confeil pour les affemblées de l'Adminiftration, & pour les Confeils de guerre. Il y aura dans cette falle une armoire fervant de dépôt, où feront placés tous les procès-verbaux d'affemblées, comptes rendus, Réglemens ou Ordonnances du Roi concernant l'établiffement de la Gendarmerie à Lunéville; il y aura trois clefs de ce dépôt, une pour le Major - Infpecteur, une pour le Major en fecond, & une pour le premier Commiffaire.

X X.

Procès-verbal de tous les Bâtimens concernant l'Etabliffement.

LE premier Commiffaire dreffera un procès-verbal de tous les bâtimens & emplacemens quelconques affignés par Sa Majefté, pour l'établiffement de la Gendarmerie à Lunéville. Ledit procès-verbal contiendra un état exact de tous les objets tels qu'ils auront été remis par l'Intendant de la province. Ledit procès-verbal fera adreffé au Secrétaire

d'Etat, ayant le département de la guerre,
par le Major-Inspecteur ; il en sera envoyé
une copie à l'Intendant de la province par
le premier Commissaire, & il en restera un
double au dépôt de l'Administration.

TITRE III.

Ameublemens & Fournitures.

ARTICLE PREMIER.

Ameublemens & fournitures des logemens.

SA MAJESTÉ voulant faciliter à la
Gendarmerie son établissement à Lunéville,
Elle a jugé à propos de charger ce Corps lui-
même de l'Administration & entretien de ses
ameublemens, fournitures, & autres objets,
dans la forme & de la maniere détaillée ci-
après.

En conséquence, Sa Majesté autorise le
premier Commissaire à accepter & signer tous
les marchés pour les ameublemens & fournitures générales de cet établissement, & d'or-
donnancer lesdits marchés, mémoires & quit-
tances des ouvriers & fournisseurs desdits objets pour être soldés sur les fonds ordonnés
à cet effet par Sa Majesté.

I I.

Passe - ports.

SA Majesté fera expédier les passe-ports
nécessaires

néceffaires pour les effets & fournitures. Ces paffe-ports feront délivrés fur les états fignés du premier Commiffaire, & vifés par le Major-Infpecteur qui en fera la demande au Secrétaire d'Etat, ayant le département de la guerre ; ils contiendront les quantités & efpéces de différentes matieres pour lefquelles ces paffe-ports feront demandés.

I I I.

Sommes une fois payées pour les Ameublemens & Fournitures.

Sa Majesté fera remettre au Tréforier, à la fuite de la Gendarmerie, les fommes fuivantes, une fois payées.

S A V O I R;

	livres.
Pour chaque Capitaine-lieutenant,	1200
Pour chaque Sous-lieutenant,	1100
Pour chaque Enfeigne,	1000
Pour chaque Guidon,	900
Pour le Major-Infpecteur,	1200
Pour le Major en fecond,	1100
Pour chacun des Aides-major,	1000
Four chacun des Sous-aides-major,	600
Pour chacun des Fourriers-majors,	500
Au premier Commiffaire,	900
Aux trois autres Commiffaires,	800
Au Tréforier,	500
Aux deux Aumôniers,	400

livres.

Au Chirurgien - major,	500
Au Maréchal - des - logis attaché à l'Hôpital,	500
Pour chacun de soixante Maréchaux-des-logis,	500
Pour chacun des soixante Brigadiers & Sous-brigadiers,	350
Pour chacun des dix Portes-étendards,	200
Pour chacun des Fourriers,	200
Pour chacun des six cents Gendarmes en 1767,	150
Pour le Timbalier,	150
Pour chacun des trente Trompettes,	120
Pour chacun des dix Maréchaux ferrants,	100
Pour chacun des dix Chirurgiens de compagnies,	100
Pour chacun des cent quarante - six Valets actuels,	50

Les sommes portées audit article, & celles fixées pour les augmentations successives, jusqu'au complet de paix, seront remises au Trésorier à la suite de la Gendarmerie, & délivrées sur les ordonnances du premier Commissaire.

IV.

Fournitures pour augmentations en temps de guerre.

Lorsque Sa Majesté jugera à propos d'ordonner des augmentations dans ses compagnies d'ordonnance, pour les porter au complet de guerre, elle affignera des fonds pour les fournitures des Gendarmes d'augmentation, lefquelles fe feront dans la forme ordonnée ci-deffus.

V.

Ameublement des Officiers fupérieurs.

LA fomme une fois payée pour les Capitaines - lieutenans, les Sous-lieutenans, les Enfeignes, les Guidons, le Major-Infpecteur, le Major en fecond, les deux Aides-Major, les Commiffaires, le Tréforier & le Chirurgien-major fera remife à chacun qui en donnera quittance au Tréforier; & au moyen de cette fomme, Sa Majefté permet aux Officiers & autres dits ci-deffus, de meubler à leur volonté leurs logemens pour eux, leur fuite & leurs Valets; ils entretiendront leurs ameublemens à leurs dépens, & feront chargés de l'entretien local de leur appartement.

V I.

EN cas de retraite, mort ou changement dans les Officiers fupérieurs & autres dits à l'article ci-deffus, les meubles qui fe trouveront dans leurs logemens leur appartiendront en totalité, ou à leurs héritiers, lefquels feront tenus de remettre chacun à celui qui le remplacera, foit la fomme qu'il aura reçu, soit les meubles, ainsi qu'ils en conviendront de gré à gré.

V I I.

Ameublement des Sous - aides - major & Fourriers-majors.

Les quatre Sous-aides-major, & les deux Fourriers-Majors se meubleront suivant leur grade, avec la somme fixée par Sa Majesté, qui leur sera délivré sur le procès-verbal de visite de leurs logemens, jointe à l'ordonnance du premier Commissaire.

V I I I.

Ameublement des deux Aumôniers.

Les deux Aumôniers se meubleront conformément à leur état par le moyen de la somme fixée par Sa Majesté, qui leur sera délivrée sur le procès-verbal de visite, joint à l'Ordonnance dudit Commissaire.

I X.

Ameublement des Maréchaux-des-logis.

La somme une fois payée pour l'ameublement de chaque Maréchal-des-logis, sera employée à se fournir par l'administration, de toutes les choses nécessaires à son logement, relativement à son grade de Capitaine de Cavalerie.

Cet ameublement sera composé pour chacun, d'un lit garni de ses rideaux, deux ma-

telats, un traverfin, une paillaffe, deux couvertures, trois paires de draps, une douzaine
de ferviettes, fix torchons, une pelle, pincette & chenets, une table, quatre chaifes,
un fauteuil, une armoire, un pot à l'eau &
Jatte, un pot de nuit & un chandelier.

Plus, il fera fourni pour chacun, un lit de
domeftique garni d'un matelas, un traverfin,
une paillaffe, trois paires de draps, un pot
de nuit & un ratelier pour les habits. Toutes
ces fournitures feront marquées & numérotées.

Chaque Maréchal-des-logis en recevant
lefdits ameublemens de fon logement, fignera
le procès-verbal de réception fait par le
premier Commiffaire, qui contiendra tous
les objets portés au préfent article.

Il ne fera permis en aucun temps & fous
quelque prétexte que ce puiffe être d'y ap-
porter des changemens, ces ameublemens appartiendront à Sa Majefté, & ces Officiers
feront chargés de les entretenir.

X.

Vifites des logemens des Maréchaux-des-
logis pendant leur abfence.

Tout Maréchal-des-logis allant en femeftre fera tenu de laiffer la clef de fon logement au Fourier de fa brigade, afin que
vifite puiffe être faite pendant fon abfence, de

l'entretien de son logement, par le Commiſſaire de ſervice.

X I.

Réception des effets au compte du Roi en cas de changement dans leſdits Officiers.

UN Sous-aide-Major, Maréchal-des-logis, Fourrier-major, Aumônier, Chirurgien-major attaché à l'Hôpital, venant à quitter, changer ou mourir, procès-verbal ſera fait des effets appartenans à Sa Majeſté, & les ſcellés appoſés ſur la porte de ſon logement, par le Commiſſaire de ſervice, juſqu'à la nomination de celui qui le remplacera, lequel ſignera le procès-verbal deſdits effets, dans lequel les dégradations qui pourroient avoir été faites par le prédéceſſeur, ſeront déſignées, ce procès-verbal ſera envoyé au premier Commiſſaire, qui le remettra au Major-Inſpecteur, qui prendra les ordres de Sa Majeſté ſur la retenue qui devra être faite pour la réparation des effets dégradés. A l'égard des effets appartenans auxdits Officiers, l'inventaire en ſera fait ſuivant l'uſage & ſuivant les Ordonnances par les Officies-majors du corps.

X I I.

Ameublement & fournitures des Brigadiers, Sous-brigadiers, Porte-étendards & Fourriers.

CHACUN des Brigadiers, Sous-brigadiers,

Porte-étendards & Fourriers sera fourni d'un lit garni d'un rideau, deux matelas, un traversin, une paillasse, deux couvertures, trois paires de draps, & un pot de nuit.

De plus, il leur sera fourni de deux en deux, une douzaine de serviettes, six torchons, un pot à l'eau & jatte, une armoire, trois chaises, pelle, pincette & chenets, une table & un chandelier.

X I I I.

Ameublement & fournitures des Gendarmes.

CHAQUE Gendarme sera fourni d'un bois de lit de trois pieds de large sur six de long, garni de deux dossiers, un matelas, une paillasse, un traversin, une couverture de laine, trois paires de draps, qui seront changés tous les mois, été & hiver, un pot de nuit, une chaise & un râtelier de bois pour suspendre les armemens & équipemens.

De plus, il sera fourni pour chaque chambre de Gendarme, une pelle, pincette & chenets, un chandelier, une table, une cruche, un pot à l'eau & jatte.

X I V.

Fournitures par chambrées.

POUR huit Gendarmes vivant en chambrée, il sera fourni une marmite, une broche, une casserole, une poële à frire, un cramailler, pelle, pincette & chenets, dix-huit assiettes, trois plats, & un pot à l'eau de fayance, une table, huit chaises, deux douzaines de serviettes, trois nappes, dix-huit torchons, & une armoire pour serrer les effets de Sa Majesté.

X V.

Ameublemens & fournitures marqués & numérotés, & distribution du linge aux Chefs de chambrées.

Tous ces ameublemens & fournitures portés aux deux articles ci-dessus, seront numérotés par escouades, & marqués de la lettre initiale de la compagnie ; le Détailleur de chaque brigade sera chargé du linge de sa brigade, qu'il distribuera à chaque chef de chambrée, qui lui en donnera son reçu.

X V I.

Procès-verbal de réception desdits ameublemens & fournitures.

Tous lesdits ameublemens & fournitures seront désignés dans un procès-verbal fait par le premier Commissaire, qui contiendra par chaque brigade, le nombre, la quantité & la qualité de chaque fourniture ; au bas de ce procès-verbal sera mis le reçu, signé de deux Maréchaux-des-logis, du Brigadier, & du

Sous-brigadier & du Fourrier de ladite brigade.

X V I I.

Punitions & réparations en cas de pertes ou dommages.

Les ameublemens & fournitures qui se
trouveront perdus ou rechangés, seront remis ou réparés aux frais de qui il appartient.
En cas de perte de quelques-uns de ces objets, celui qui les aura perdus sera puni par
les ordres du Commandant ainsi que le Fourrier & l'Appointé qui auroient négligé d'en
informer ; & la réparation sera faite alors par
moitié de frais.

X V I I I.

Comptes rendus de l'état des logemens, ameublemens & fournitures.

Le Fourrier de chaque brigade rendra compte tous les jours au Détailleur de l'état de
chaque chambre ; le Détailleur après le
compte rendu, sera tenu de la visiter, &
d'en rendre compte à la garde montante,
au Maréchal-des-logis commandant la brigade, & à l'Officier-major de service. Un
Maréchal-des-logis de chaque brigade, fera
tous les huit jours la visite de l'état des logemens de la brigade; un Fourrier-major tous
les quinze jours, & un Sous-aide-major, &
le Commissaire de service tous les mois.

X I X.

Ameublement du Timbalier.

Il sera fourni pour le Timbalier , un bois de lit , un matelas , un traversin , une paillasse , une couverture , trois paires de draps , un pot de nuit , un ratelier , une chaise , un pot à l'eau , six serviettes , pelle , pincette & chenets , un chandelier , une table & une grande armoire pour serrer les effets de Sa Majesté.

X X.

Ameublement des Trompettes.

Il sera fourni pour chacun des trente Trompettes , un bois de lit de trois pieds de large , une paillasse , un matelas , un traversin , une couverture , trois paires de draps , un pot de nuit , un ratelier & une chaise.

X X I.

Fournitures par chambrées.

Il sera fourni pour six Trompettes de deux compagnies qui feront chambrée , une pelle , une pincette & chenets , un chandelier , une marmite , une poële à frire , dix-huit serviettes , trois nappes , douze torchons , un pot à l'eau , douze assiettes & deux terrines , une table & trois rayons de planches pour poser les ustensiles de chambrée.

Tous lesdits ameublemens & fournitures seront marqués & numérotés.

X X I I.

Punition en cas de perte ou vente.

Celui qui aura vendu, perdu ou détérioré quelqu'objets desdits ameublemens & fournitures sera mis en prison jusqu'à ce qu'il les ait rétablis en nature, & celui qui sera convaincu en avoir acheté sera aussi-tôt arrêté & mis en prison.

X X I I I.

Réceptions & comptes rendus des ameublemens & fournitures des Trompettes.

Le Timbalier sera spécialement chargé de la garde & de la distribution des fournitures des trente Trompettes : tous les mois il distribuera les draps & retirera ceux qui sont à blanchir ; tous les huit jours il délivrera & recevra les serviettes, nappes & torchons ; il prendra les reçus des distributions du Trompette chef de chambrée ; il sera chargé du blanchissage dudit linge, & de l'entretien du reste des fournitures & logemens desdits Trompettes ; il en rendra compte au deuxième Fourrier - major étant Commissaire de service.

XXIV.

Visite des ameublemens & fournitures des Trompettes.

LES Détailleurs & Fourriers de chaque compagnie veilleront à l'exécution de ce qui concerne les Trompettes de leurs brigades, à cet effet, ils feront tous les huit jours des visites desdits logemens & chambrées.

Le deuxième Fourrier - major en fera tous les quinze jours la visite dont il rendra compte par écrit au Commandant ; le Timbalier nommera les chefs de chambrée des Trompettes.

Le Commissaire de service fera chaque mois une visite desdits logemens & fournitures de chambrées.

XXV.

Réparations auxdits logemens & fournitures.

LORSQU'IL y aura quelques réparations demandées dans les logemens des Trompettes ou dans leurs fournitures, le Timbalier en avertira le Commissaire de service qui, après visite faite, en tiendra note par écrit, & la remettra au premier Commissaire.

Si l'objet est instant, ledit Commissaire fera faire la réparation sur le champ, sinon, il remettra à en conférer lors de l'assemblée de l'Administration.

X X V I.

Ameublement des Chirurgiens de compagnies.

Il sera fourni pour chacun des dix Chirurgiens de compagnies, un bois de lit, de deux pieds six pouces de large, sur six pieds de long, un matelas & un traversin, une paillasse, une couverture, deux paires de draps, un pot de nuit, un ratelier, deux chaises, & un chandelier.

Lesdits effets seront marqués & numérotés, l'entretien & le renouvellement desdits objets seront à leurs charges.

X X V I I.

Ameublement du Maréchal ferrant de chaque compagnie.

Il sera fourni pour chacun des dix Maréchaux ferrants des compagnies, un bois de lit de deux pieds six pouces de large, sur six pieds de long, un matelas & un traversin, une paillasse, une couverture, deux paires de draps, un pot de nuit, un ratelier, une chaise & un chandelier.

Lesdits effets seront marqués & numérotés, & l'entretien, le renouvellement desdits objets seront à leurs charges, ainsi que l'entretien des forges & atteliers qui leur seront donnés.

XXVIII.

Punition en cas de vente ou dégradations desdits effets.

LE Chirurgien de compagnie, & le Maréchal ferrant qui aura vendu, perdu ou changé quelqu'un des effets, sera mis en prison à la réquisition du Commissaire de service, jusqu'à ce qu'il ait remplacé les mêmes effets en nature.

XXIX.

Réception, visite & compte rendu desdits effets.

LESDITS effets concernant le Chirurgien & le Maréchal ferrant de chaque compagnie seront remis au Fourrier de la premiere brigade qui recevra le procès-verbal de réception, & lesdits effets seront à sa garde ; il répondra du soin qu'en auront les Chirurgiens & Maréchaux ; il rendra compte des visites qu'il en fera, tous les quinze jours, au deuxiéme Fourrier-major qui en fera une chaque mois, dont il rendra compte au Commandant ; le Commissaire de service en fera de même chaque mois la visite.

XXX.

Fournitures pour les Valets de brigade.

IL sera fourni pour deux Valets un lit de quatre pieds de large, sur six pieds de long, un matelas, un traverſin, une paillaſſe, une couverture de laine, trois paires de draps, un pot de nuit, un ratelier, une lanterne.

Par chambrée de huit Valets il ſera fourni deux bans de ſix pieds de long, une table, une pelle, pincette & chenets, une marmite de fonte & un ſceau.

Tous les effets portés audit article, ſeront marqués & numérotés.

X X X I.

Punition en cas de perte, vente ou vol.

Sɪ quelques Valets venoient à perdre, ou vendre quelques - uns deſdits effets, il ſera mis en priſon, & s'il y avoit preuve ou ſoupçon de vol deſdits effets par un deſdits Valets, il ſera remis, par les ordres du Commandant, ſur le réquiſitoire du Commiſſaire de ſervice, à la Juſtice ordinaire du lieu, pour être condamné ſuivant la rigueur des Ordonnances; le Valet qui aura acheté leſdits effets, ſera mis en priſon, à la diſcipline du Corps, & y reſtera juſqu'à ce qu'il ait reſtitué en nature, l'effet par lui acheté.

X X X I I.

Réceptions des ſuſdites fournitures & comptes rendus.

Lᴇs fournitures pour les Valets de chaque brigade ſur le pied d'un pour cinq chevaux, ſeront remiſes aux Fourriers de chaque bri-

gade, en préfence du Détailleur de la brigade, qui fignera le procès verbal de réception ; l'un & l'autre répondront defdits effets,
& en feront la vifite tous les huit jours ;
ils rendront compte à l'Officier-major de
fervice, qui fera lui-même la vifite tous les
mois, & rendra compte au Commandant ;
le Commiffaire de fervice en fera de même
chaque mois la vifite.

X X X I I I.

Armoire de dépôt donnée aux Détailleurs des brigades.

IL fera donné à chaque Détailleur une armoire fermant à clef ; dans laquelle feront
placées les fournitures & linge de toute fa
brigade ; il en aura le foin & le détail, il
diftribuera tous les huit jours, les nappes &
ferviettes aux Gendarmes chefs de chambrée & aux Valets de fa brigade, & les draps
tous les mois ; il en retirera des reçus.

X X X I V.

Ameublement & fournitures pour un hôpital.

SA MAJESTÉ voulant pourvoir à l'établiffement d'un hôpital militaire, uniquement deftiné pour les malades de fa Gendarmerie à
Lunéville, elle a ordonné qu'il feroit affigné à cet effet, un emplacement commode
dans les bâtimens deftinés à la Gendarmerie,
& que l'Adminiftration dudit hôpital, feroit

fuivie

suivie par le premier Commissaire qui en auroit la police, avec les trois autres Commissaires dudit Corps.

En conséquence, Elle a jugé à propos de fixer une somme de seize mille neuf cent livres, une fois payés, qui sera employée à l'établissement dudit hôpital.

X X X V.

Trois lits pour les Maréchaux-des-logis.

DANS cet hôpital, il y aura trois lits pour les soixante Maréchaux-des-logis; pour chacun de ces lits il sera fait un fonds de six cent livres; ces lits seront placés dans des chambres séparées & meublées, suivant leurs grades, en y ajoutant les autres fournitures du supplément nécessaire.

X X X V I.

Six lits de Brigadiers, Sous-brigadiers, Porte-étendards, Fourriers, & un lit pour le Chirurgien-major attaché à l'hôpital.

IL y aura six lits pour les soixante Brigadiers & Sous-brigadiers, les dix Porte-étendards, & les trente Fourriers; ils seront pareils à ceux dits à l'article précédent, avec la différence qu'il en sera placé deux dans chaque chambre, & que les fournitures seront faites pour deux tant en linge qu'en autres ustensiles de malades.

Il sera fait fonds de cinq cent livres pour

F

chacun de ces lits, ainsi que pour celui du Chirurgien major attaché à l'hôpital.

X X X V I I.

Trente lits de Gendarmes.

Il sera établi & fourni trente lits de Gendarmes pour la totalité du complet de paix :
ces fournitures seront les mêmes que celles ordonnées pour les chambres des Gendarmes en
y ajoutant les uftensiles de supplément néceffaires.

Il sera fait fonds de trois cent livres pour
chacun de ces lits.

X X X V I I I.

Trois lits pour les Trompettes.

Il sera établi trois lits dans une même
chambre pour les trente Trompettes ; il sera
fait fonds de deux cent livres pour lesdits lits.

X X X I X.

Dix lits pour les Valets.

Il sera établi dix lits pour les Valets, à
quelque nombre qu'ils puiffent être ; il sera
fait un fonds de cent cinquante livres pour
chaque lit.

X L.

Réception & procès-verbal des effets dudit hôpital.

Toutes ces fournitures feront conftatées

par un procès-verbal qui fera figné du Major-Infpecteur, du Major en fecond, des Ai-
des - majors, du premier Commiffaire, du
Commiffaire de fervice, & du Maréchal-des-
logis à la fuite du Corps, chargé dudit hôpital.

X L I.

Le Maréchal-des-logis attaché à l'hôpital
fera chargé defdits effets.

Ce Maréchal-des-logis fera chargé de la
garde & entretien des ameublemens & fournitures ; il les repréfentera toutes les fois que
le premier Commiffaire ou le Commiffaire de
fervice en feront la vifite.

X L I I.

Vifite faite dans ledit hôpital par le
Commiffaire.

La vifite des ameublemens & fournitures
dudit hôpital fe fera chaque mois, par le
Commiffaire de fervice ; procès-verbal fera
dreffé defdites fournitures lors de l'affemblée
d'Adminiftration ; il fera figné du Major-Infpecteur, du Major en fecond, des Aides-major & du Commiffaire de fervice : ce procès-verbal fera remis au Secrétaire d'Etat ayant
le département de la guerre, par le Major-
Infpecteur, copie en fera envoyée à l'Intendant de la province par le premier Commiff-

faire, & il en restera un double au dépôt de la salle d'Administration.

XLIII.

Visite faite dans ledit hôpital par les Officiers.

LORSQU'IL y aura des malades dans ledit hôpital, un Maréchal-des-logis, & un Brigadier, commandés à cet effet, iront visiter chaque jour les malades; ils rendront compte de leurs visites au Commandant du Corps: tous les huit jours un Sous-aide-major fera la visite, & tous les mois un Aide-major; le compte de chacune de ces visites sera rendu par écrit, & signé de l'Officier qui aura fait les visites: cette regle s'observera pour toutes les occasions où il sera fait des visites, soit dans les logemens, soit dans les établissemens généraux.

XLIV.

État de situation envoyé au Major-Inspecteur.

LE MAJOR en second en envoyant chaque mois au Major-Inspecteur l'état de situation des compagnies, y joindra celui de l'établissement en général, & celui de l'hôpital.

XLV.

État des visites envoyé au premier Commissaire.

TOUS les trois mois le Commissaire de

service enverra au premier Commissaire, un relevé général de toutes ces visites, faites dans l'établissement, pendant le temps de son service, & indépendamment de celles fixées par le présent Réglement, dont le relevé lui sera envoyé aussi tous les mois.

X L V I.

Ordre donné chaque jour par le Commandant.

Le premier Commissaire présent, & le Commissaire de service recevront chaque jour l'ordre du Commandant du Corps, sur les objets relatifs à leur service.

X L V I I.

Fonds en caisse délivrés par le Trésorier.

Le Trésorier à la suite de la Gendarmerie, qui sera chargé des fonds que Sa Majesté fera remettre dans sa caisse, pour tous les ameublemens & fournitures désignés par la présente Ordonnance, ne remettra aucun fond sans l'Ordonnance du premier Commissaire.

X L V I I I.

Compte général de l'Administration.

Lorsque tous les objets d'ameublement, & fournitures ordonnés par les articles du titre III de la présente Ordonnance, seront faits & délivrés dans l'établissement général de la Gendarmerie à Lunéville, il sera fait par le Trésorier à la suite du Corps, un compte général de la recette & de la dépenſe , avec toutes les piéces juſtificatives; il ſera parcillement fait par le premier Commiſſaire un procès-verbal contenant tous les marchés, ameublémens & fournitures par détail, auquel ſeront joints les différens procès-verbaux de réception ordonnés par leſdits articles : le tout ſeia rapporté, examiné & vérifié dans une aſſemblée compoſée du Major-Inſpecteur, du Major en ſecond, des deux Aides-major , du premier Commiſſaire , du Commiſſaire de ſervice, du Tréſorier , & de l'Intendant de la province ; ce Procès-verbal , ainſi que le compte général du Tréſorier , ſeront ſigné des perſonnes dites ci-deſſus , préſens à ladite aſſemblée d'Adminiſtration.

Ces piéces ſeront adreſſées au Secrétaire d'Etat ayant le département de la guerre , par le Major-Inſpecteur; il en ſera remis un double au Tréſorier, pour lui ſervir de décharge, & il en reſtera une copie dans le dépôt de la ſalle d'Adminiſtration ; alors toutes les piéces réſultantes deſdits comptes & dudit procès-verbal ſeront brûlées en préſence des Officiers & autres de ladite aſſemblée ; & le premier Commiſſaire remettra à l'Intendant de la province un état général de tous les objets appartenans à Sa Majeſté dans la totalité de l'établiſſement du Corps de la Gendarmerie à Lunéville.

I L.

Remplacement des ameublemens.

LORSQUE par fucceſſion de temps il y aura des ameublemens & fournitures appartenans à Sa Majeſté, qui feront par leur vétuſté hors d'état d'être réparés, il fera fait, par le premier Commiſſaire, un procès-verbal de l'état defdits ameublemens, qu'il remettra à l'aſſemblée d'Adminiſtration, où l'on aviſera aux moyens de pourvoir au remplacement de ces objets, fur les fonds affectés pour l'entretien général, ou fur ceux provenant chaque année de l'économie de l'Adminiſtration; cette délibération faite, le Major-Inſpecteur prendra les ordres du Secrétaire d'Etat, relativement aux moyens qu'il y aura à employer, pour procéder à ces remplacemens qui feront exécutés par les foins du premier Commiſſaire.

TITRE IV.

Uſtenſile pour l'entretien.

ARTICLE PREMIER.

Etabliſſement d'un uſtenſile pour l'entretien.

SA MAJESTÉ, par la préfente Ordonnance à jugé à propos de fixer pour les compagnies d'ordonnance de la Gendarmerie uné ſomme ſous le nom d'uſtenſile, qui ne pourra, en aucun temps, ni pour quelques cauſes que ce ſoit, être regardée comme augmentation ni ſupplément de ſolde.

I I.

Entretiens intérieurs.

PARTIE de cet uſtenſile ſervira à l'entretien, réparations, renouvellemens des fournitures & menues réparations intérieures des logemens des quatre Sous-aides-majors, des deux Fourriers - majors, des deux Aumôniers, du Chirurgien-major attaché à l'hôpital, des Maréchaux-des-logis, Brigadiers, Sous-brigadiers, Porte-étendards, Fourriers, Gendarmes, Timbalier, Trompettes, Maréchaux ferrans, Chirurgiens de compagnies & Valets de brigades.

I I I.

Entretiens extérieurs.

L'AUTRE partie de cet uſtenſile ſervira à l'entretien des ouvrages extérieurs des bâtimens, hors les accidens majeurs & imprévus, aux réparations des écuries, manéges, magaſins, pavés de cours, grilles, fermetures, barrieres, jardins, conduits d'eaux pour les écuries, réſervoirs deſtinés aux incendies, abreuvoirs, hôpital, corps - de - garde & priſons.

I V.

Uſtenſile pour les Maréchaux-des-logis.

CET uſtenſile ſera fixé à quatre ſols par jour pour chacun des quatre Sous-aide-major, des deux Fourriers - majors , des ſoixante Maréchaux-des-logis , pour le Maréchal - des - logis attaché à l'hôpital, les Chirurgiens-majors , & l'Aumônier de ſervice.

Chacun de ceux dénommés au préſent article, recevra chaque année, ſur l'ordonnance du premier Commiſſaire , le décompte de trois ſols par jour ; à l'ordonnance dudit Commiſſaire , ſera joint le procès-verbal d'entretien , renouvellement & réparations faites ou à faire dans leſdits ameublemens ou logement de l'Officier ou autres déſignés, auquel il eſt enjoint de ne faire les renouvellemens en linges ou autres objets que ſur les mêmes proportions & les mêmes échantillons que les premieres fournitures.

Le ſol qui reſtera de ces quatre ſols d'uſtenſile , reſtera affecté aux réparations extérieures.

V.

Uſtenſile pour les Brigadiers, Sous-brigadiers, Porte-étendards & Fourriers.

L'USTENSILE pour les Brigadiers , Sous-brigadiers, Porte-étendards, & Fourriers, ſera fixé à quatre ſols par jour , été & hiver ; il leur ſera fait décompte tous les ans de deux ſols par jour pour chacun préſent , pen-

dant fix mois d'hiver, & d'un fol par jour pendant fix mois d'été, pour fervir à l'entretien
des ameublemens & fournitures & du logement intérieur ; le furplus reftera en maffe
pour fervir à l'entretien général.

L'on obfervera d'ailleurs pour cet article,
ce qui eft porté à celui dit ci-deffus, concernant les Maréchaux-des-logis.

V I.

Uftenfile pour les Gendarmes.

L'USTENSILE pour les Gendarmes fera fixé
à quatre fols par jour, été & hiver, fur lefquels il fera fait décompte tous les mois au
Détailleur de chaque brigade , de deux fols
par jour pour chaque Gendarme préfent pendant fix mois d'hiver , & d'un fol pendant fix
mois d'été , pour fervir à fon chauffage &
à fa lumiere ; ce décompte fera fait fur l'état
qui en fera remis par le Major-Infpecteur
au premier Commiffaire.

Le furplus reftera en maffe pour fervir à l'entretien général.

V I I.

Uftenfile pour le Timbalier & les Trompettes.

L'USTENSILE pour le Timbalier , & chacun des trente Trompettes fera fixé à trois
fols par jour, été & hiver ; il fera donné
au Timbalier & à chacun des trente Trompettes préfens, deux fols par jour pendant

six mois d'hiver, pour chauffage & lumiere, & un sol par jour pendant les six mois d'été : ce décompte sera fait tous les mois sur les ordonnances du premier Commissaire.

Le surplus restera en masse pour l'entretien général.

VIII.

Ustensile pour les Chirurgiens de compagnies & les Maréchaux ferrants.

L'USTENSILE des Chirurgiens de compagnies & des Maréchaux ferrants, sera fixé à trois sols par jour pour chacun ; sur ces trois sols il leur sera donné à chacun un sol par jour pour chauffage & lumiere, pendant les six mois d'hiver ; les décomptes en seront faits comme à l'article ci-dessus.

Le surplus restera en masse pour l'entretien général.

IX.

Ustensile pour les Valets de brigade.

L'USTENSILE des Valets de brigade, sur le pied d'un pour cinq chevaux, sera fixé à trois sols par jour, été & hiver, sur lesquels il sera fait décompte tous les mois à chaque Détailleur, sur les Ordonnances du premier Commissaire, d'un sol six deniers pour chaque Valet, pendant six mois d'hiver, & de six deniers pendant les six mois d'été, pour servir à son chauffage.

Le surplus reſtera en maſſe pour l'entretien général.

X.

Portion d'uſtenſile réſervée en maſſe pour l'entretien du linge, & de l'intérieur des logemens des Gendarmes, & des Valets de brigades.

Sur la maſſe générale du ſurplus de l'uſtenſile ; il ſera fait décompte à chaque Détailleur, de ſix ſols par mois pour chaque Gendarme préſent, & par chaque Valet effectif : ces ſix ſols ſerviront au blanchiſſage, entretien du linge & des fournitures de vitrages, aux uſtenſiles de chambrées, ramonage de cheminées, à l'entretien des ferrures, portes & fenêtres ; ce décompte lui ſera fait ſur le certificat de viſite du Commiſſaire de ſervice ordonnancé par le premier Commiſſaire.

X I.

Portion d'uſtenſile réſervée en maſſe pour entretien du linge & intérieur du logement des Trompettes.

Sur la maſſe générale du ſurplus de l'uſtenſile ; il ſera pris ſix ſols par mois pour l'entretien du linge des fournitures & du logement de chaque Trompette : le décompte de ces ſix ſols, ſera fait au ſecond Fourrier-major, fur les Ordonnances du premier Commiffaire, pour être remis au Timbalier qui, fous les ordres dudit Fourrier-major, fera faire toutes les mêmes réparations defdits logemens & entretiens; il remettra le compte de cette fomme tous les ans à la vifite du Commiffaire.

X I I.

Compte rendu de l'excédent de la dépenfe portée aux articles X & XI ci-deffus.

Si la dépenfe fe trouvoit excéder les décomptes expliqués dans les articles X & XI ci-deffus, le Commiffaire de fervice en dreffera un procès-verbal, qu'il remettra au premier Commiffaire qui le rapportera à l'affemblée d'Adminiftration, où l'on réglera une augmentation de fonds, s'il y a lieu.

X I I I.

Menues réparations faites aux bâtimens fur la maffe de l'uftenfile réfervée.

Toutes les menues réparations inftantes à faire aux bâtimens ou emplacemens quelconques occupés par la Gendarmerie, feront conftatées par le procès-verbal du Commiffaire de fervice, après la vifite qu'il en aura faite, il l'enverra au premier Commiffaire qui affignera la dépenfe, s'il y a lieu, fur la maffe de l'uftenfile réfervé pour l'entretien général, & rapportera ledit procès-verbal, avec l'état de la dépenſe, à l'aſſemblée de l'Adminiſtration.

A l'égard des autres réparations. qui n'exigeront pas d'être faites ſur le champ, le procès-verbal qui en ſera dreſſé par le Commiſſaire de ſervice, après la viſite faite, ſera
rapporté à l'aſſemblée d'Adminiſtration, où
l'on en réglera la dépenſe ſur les fonds de la
maſſe de l'uſtenſile réſervée pour l'entretien
général.

X I V.

Groſſes réparations imprévues & majeures.

DANS le cas où il ſe trouveroit aux bâtimens, ou autres endroits des dommages arrivés par incendies., ouragan ou vétuſté,
le Commiſſaire de ſervice en dreſſera le procès - verbal qu'il enverra à l'Intendant de
la province , il en adreſſera un double
au premier Commiſſaire qui le remettra
au Major-Inſpecteur, lequel prendra , à cet
effet, les ordres du Secrétaire d'Etat, ayant le
département de la guerre, après s'être con-
certé avec l'Intendant de la province.

X V.

Renouvellement du linge ſur la maſſe de l'uſtenſile réſervé.

LE renouvellement du linge ou des autres
fournitures uſuelles., ne ſe décidera qu'après
la viſite générale du premier Commiſſaire ;
la dépenſe ſera réglée à l'aſſemblée d'Admi-

niftration & faite fur la maffe de l'uftenfile
réfervé.

X V I.

Traitement accordé au Treforier à la fuite de la Gendarmerie.

Le Tréforier à la fuite de la Gendarmerie
ne délivrera aucun fonds de la fomme annuelle
fous le titre d'uftenfile pour entretiens, que
fur les Ordonnances du premier Commiffaire : Sa Majefté accorde audit Tréforier la
fomme de douze cent livres, pour frais d'Adminiftration de la caiffe, cette fomme lui fera
payée fur la maffe de l'uftenfile réfervé.

X V I I.

Traitement accordé aux Commiffaires de la Gendarmerie.

Sa Majefté veut qu'il foit fait chaque année fur le fond de la maffe d'uftenfile, un
traitement de fix cent livres à chacun des
quatre Commiffaires de la Gendarmerie, &
de plus au premier de ces Commiffaires, &
principalement chargé de fuivre l'Adminiftration de l'établiffement, trois mille livres pour
frais de Bureau.

X V I I I.

Chauffage & lumieres des corps-de-garde.

Il fera fait un fonds fur la maffe de l'uftenfile pour fournir le bois de chauffage des

corps-de-garde, pendant les six mois d'hiver, & la lumiere pendant toute l'année ; le décompte en sera fait au Fourrier-major, sur les états pour les totalités des corps-de-garde, signé par le Commissaire de service, & ordonnancé par le premier Commissaire.

X I X.

Entretien des lampes.

L'EMPLACEMENT des lampes des escaliers, corridors, écuries & cours, sera réglé par l'Administration, & la dépense en sera prise sur la masse restante de l'ustensile ; elles seront allumées à l'entrée de la nuit, & éteintes par les Concierges à neuf heures du soir, à l'exception de celles des corps-de-garde qui resteront allumées jusqu'au jour.

X X.

Traitement ordonné pour le service de l'hôpital.

IL sera payé annuellement, sur la masse restante de l'ustensile pour l'administration de l'hôpital, au Maréchal-des-logis attaché à la suite du Corps, & chargé de la direction dudit hôpital,

livres.

La somme de   600

Au Chirurgien-major de service audit hôpital.   800

A

livres.

À un aide servant d'Apothicaire, 300
A chacun des trois Employés Infirmiers, 100
Au Concierge dudit hôpital, 120

XXI.

Architecte chargé de l'entretien & réparations des bâtimens.

Il sera choisi, par l'Administration, un Architecte qui sera chargé de veiller à l'entretien, & de diriger les travaux des réparations de tous les bâtimens & emplacemens de l'établissement général de la Gendarmerie à Lunéville; il suivra uniquement les ordres qui lui seront données par le premier Commissaire pour lesdites réparations, relativement à ce qui aura été arrêté à l'assemblée d'Administration. Quant aux objets qui exigeront d'être réparés sur le champ, le premier Commissaire se conformera à ce qui est prescrit à l'article XIII ci-dessus; il sera payé à cet Architecte sur l'ustensile, une somme annuelle de six cent livres.

XXII.

Garde magasin.

Il sera établi, par l'Administration, un Garde de magasin, qui sera chargé de tenir registre de tous les effets qui lui seront confiés, tant en ameublement que renouvellement de draps,

G

serviettes, nappes, & autres fournitures généralement quelconques. Son regiſtre ſera para-
phé par le premier Commiſſaire, & vérifié
tous les trois mois par le Commiſſaire de
ſervice ; il ſera chargé en même temps de la
direction des diſpoſitions priſes en cas d'incendies & l'entretien des réſervoirs. Il lui
ſera donné douze cent livres d'appointemens,
payés ſur la maſſe de l'uſtenſile.

Ce Garde magaſin ſera en outre chargé de
l'entretien des jardins du château, ainſi qu'il
ſera réglé, & ſur les fonds qui ſeront fixés à
cet effet par l'aſſemblée de l'Adminiſtration.
Il répondra de tous les objets dont il ſera
chargé par le préſent article, au premier
Commiſſaire, & au Commiſſaire de ſervice.

X X I I I.

Concierge du Château.

Il ſera établi, par l'Adminiſtration, un Concierge du château, auquel il ſera donné deux
cent livres de gages ſur la maſſe de l'uſtenſile ; ce Concierge ſera tenu de veiller à la
conſervation, propreté & clarté de la chapelle, des périſtiles, veſtibules, corridors &
eſcaliers du château ; il recevra les ordres de
chacun des Officiers ſupérieurs, en ce qui
concernera leurs logemens ; il ſera logé dans
le château, & il aura la garde des clefs de
la Chapelle, des chambres & ſouterreins non

habités dans ledit château; il lui sera donné tous les trois ans un habit, veste & chapeau à la livrée de Sa Majesté.

X X I V.

Concierges.

Il sera établi par l'Administration un Concierge pour les logemens de chaque compagnie : ce Concierge sera chargé de l'entretien, propreté & clarté des cours, corridors & escaliers de l'hôtel de la compagnie à laquelle il sera attaché ; il recevra ses instructions qui seront réglées à cet effet dans l'assemblée d'Administration, & lui seront données par le premier Commissaire ; il sera établi pareillement un Concierge pour l'hôpital.

Il sera donné à chacun de ces Concierges, deux cent livres de gages par an & tous les trois ans, un habit, veste & chapeau de la livrée de Sa Majesté, sur les fonds de l'ustensile.

X X V.

Compte général rendu à l'assemblée d'Administration.

Chaque année au mois de Septembre, le Major-Inspecteur, le Major en second, les deux Aides-major, le premier Commissaire, le Commissaire de service & le Trésorier s'assembleront dans la salle du Conseil du château de Lunéville, & non ailleurs. Dans cette

aſſemblée , le compte général de la recette &
de la dépenſe de la ſomme fixée annuellement,
ſous le titre d'uſtenſile ſera examiné , vérifié
& ſigné des Officiers, & autres dits ci-deſſus.
Le compte général étant vérifié, ainſi que
toutes les piéces juſtificatives, il en ſera fait
trois doubles dont un ſera remis au Secrétaire d'Etat, ayant le département de la guerre, par le Major-Inſpecteur ; le ſecond reſtera dans le dépôt de ladite Adminiſtration ;
& le troiſiéme, entre les mains du Tréſorier
pour lui ſervir de décharge de ſes deniers ;
alors les piéces ſervant audit compte ſeront
brûlées en préſence de ladite aſſemblée.

. Il ſera en même temps fait par le premier
Commiſſaire un état de ſituation de tous les
bâtimens & emplacemens , ainſi que de tous
les meubles & autres fournitures généralement quelconques , de l'établiſſement de la
Gendarmerie à Lunéville : cet état de ſituation ſigné des Officiers & autres qui com-
poſeront ladite aſſemblée, ſera envoyé à
l'Intendant de la province, par le premier
Commiſſaire , & il en reſtera un double au
dépôt de l'Adminiſtration : dans cette même
aſſemblée l'on réglera tous les points d'Ad-
miniſtation pour l'année ſuivante.

TITRE V.

ARTICLE PREMIER.

Service des Commissaires.

LEs quatre Commissaires de la Gendarmerie serviront suivant l'usage, par quartiers de trois mois chacun,

SAVOIR;

Le premier Commissaire, du premier Juin au premier Septembre, & n'en pourra partir qu'après l'assemblée d'Administration réglée par la présente Ordonnance.

Le second, du premier Septembre au premier Décembre.

Le troisiéme, du premier Décembre au premier Mars.

Le quatriéme, du premier Mars au premier Juin.

Ces quatre Commissaires résideront au Corps pendant le temps de leur service, & l'intention de Sa Majesté est qu'ils n'en puissent partir que celui qui doit le relever ne soit arrivé, de maniere qu'il y ait toujours au Corps de la Gendarmerie, un Commissaire de service.

I I.

Congés de semestre des Gendarmes.

SA MAJESTÉ permet à la moitié des Gendarmes de chaque brigade, de s'absenter pendant six mois de l'année, de maniere qu'il y ait par chacune desdites brigades, la moitié des Gendarmes présens au Corps depuis le premier du mois d'Octobre jusqu'au premier du mois d'Avril suivant, & que pendant les autres six mois de l'année tous les Gendarmes de chaque brigade soient présens à leurs troupes.

En conséquence le Major-Inspecteur marquera, lors de sa revue du mois de Septembre, les Gendarmes qui iront en semestre : il comprendra dans ce nombre ceux qui se trouveront absens pour quelques raisons que ce soit ; & ceux qui ayant eu leur congé absolu, ne seront pas remplacés.

Sa Majesté entend que les Gendarmes de chaque brigade soient marqués suivant leurs rangs pour aller en semestre, sans que d'autres puissent y aller en leur place lorsqu'ils ne profiteront pas de leur congé de semestre.

Au moyen de ces facilités que Sa Majesté a jugé à propos de donner aux Gendarmes de sa Gendarmerie, Elle veut qu'il ne soit donné à l'avenir aucun congé, ni de prolongation de congé, pour quelque motif que ce puisse être, pendant les six mois qu'ils doivent être préfens à leurs étendards.

I I I.

Congé de retraite des Gendarmes.

SA MAJESTÉ renouvelle fes intentions au fujet des congés de retraite accordés aux Gendarmes : Elle veut qu'ils ne puiffent les obtenir dans d'autres temps que celui de la revue d'infpection qui fera faite dans le courant du mois de Septembre, & que les brigades foient réparées & complettées pour la revue du mois d'Avril de l'année fuivante : lorfque des raifons patticulieres, en faveur des Gendarmes, ou des motifs qui intéreffront l'honneur du Corps exigeront que ces congés de retraite foient délivrés dans le courant de l'année, les mémoires en feront remis au Major-Infpecteur qui prendra à cet effet les ordres de Sa Majefté.

I V.

Création d'un Trompette-major.

LA réunion des trente brigades de la Gendarmerie dans le château de Lunéville, y raffemble le Timbalier & les trente Trompettes, & Sa Majefté voulant que le Timbalier de ce Corps foit en même-temps Trompette-major, chargé de tenir les écoles de ces trente Trompettes & de veiller à leurs inftructions, fervice, police & difcipline, Elle ſe propoſe de nommer un ſujet qui, par ſa capacité & ſes bonnes mœurs, ſoit en étar de remplir utilement cette place : en conſéquence Elle veut que la ſolde de ce Timbalier, qui eſt de vingt-deux ſols par jour, ſoit portée à quarante-huic ſols, & que lorſqu'après vingt ans de ſervice il ſe trouvera, par ſes infirmités ou ſes bleſſures, hors d'étac de continuer ſes ſervices, il ſoit reçu à l'Hôtel des Invalides en qualité de bas Officier.

MANDE & ordonne Sa Majeſté aux Capitaines-lieutenans deſdites compagnies & en leur abſence, à ceux qui les commandent, au Major-Inſpecteur de la Gendarmerie, & aux Commiſſaires des guerres dudit Corps, de tenir la main à l'exécution de la préſente Ordonnance.

FAIT à Compiégne le premier Août mil ſept cent ſoixante-ſept.

Signé, LOUIS.

Et plus bas, LE DUC DE CHOISEUL.

RÉGLEMENT

PROVISIONNEL

Sur quelques parties de l'Administration établie par l'Ordonnance du premier Août 1767, concernant l'établissement du Corps de la Gendarmerie à Lunéville.

Du 25 Août 1773.

DE PAR LE ROI.

SA MAJESTÉ s'étant fait représenter l'article XXV du titre IV de l'Ordonnance du premier Août 1767, & jugeant que les dispositions de cet article ne peuvent avoir lieu, eu égard à la composition actuelle de l'Etat-major de la Gendarmerie, a ordonné & ordonne qu'à l'avenir le Conseil établi par ledit article XXV, sera composé du Commandant général qui en sera le Président, comme il l'est actuellement, en sa qualité d'Inspecteur du Corps de la Gendarmerie ; Voulant Sa Majesté que le Capitaine des Gendarmes Anglois, Commandant en second, assiste audit Conseil, & remplace ledit Commandant général en son absence, en lui rendant compte , & en fa préfence, fous fon autorité, pour figner les comptes & y délibérer fur les objets qui doivent y être traités.

Veut également Sa Majefté que le Major & à fon défaut, le plus ancien des Aides-major qui fe trouvera au Corps, exerce les mêmes fonctions & fuive les mêmes détails qui étoient affectés au Major en fecond , fous l'autorité des Commandans en premier & en fecond, & en leur préfence ainfi qu'en leur abfence ; Sa Majefté n'entendant rien changer d'ailleurs , pour le moment, aux difpofitions de ladite Ordonnance du premier Août 1767 , qui fera exécutée en tout ce qui ne fera pas contraire au préfent Réglement.

FAIT à Compiégne le vingt-cinq Août mil fept cent foixante-treize.

Signé, LOUIS.

Et plus bas MONTEYNARD.

ORDONNANCE DU ROI,

Concernant la Gendarmerie.

Du 3 Janvier 1770.

DE PAR LE ROI.

SA MAJESTÉ jugeant convenable au bien de son service, de faire quelques changemens dans le corps de la Gendarmerie, Elle a en conséquence ordonné & ordonne ce qui suit :

ARTICLE PREMIER.

A commencer de ce jour, l'inspection du corps de la Gendarmerie sera & demeurera réunie au commandement général attaché à la compagnie des Gendarmes Ecossois, & ledit commandement pourra être possédé par un Officier général, qui en exercera également les fonctions pendant la guerre & pendant la paix.

I I.

LE Capitaine-lieutenant de la compagnie des Gendarmes Anglois, commandera le Corps, en l'absence du Commandant général, & sous son autorité, en sa présence ; & ne pourra s'en absenter sans une permisfion expreffe de Sa Majefté, qui fe réferve, dans tous les cas, de difpofer de ladite compagnie, ainfi que de celle des Gendarmes Ecoffois.

I I I.

L A place de Major du corps de la Gendarmerie, fera confervée, & fubfiftera telle qu'elle eft actuellement & fe trouve établie par l'Ordonnance du premier janvier 1755, à l'exception néanmoins des fonctions de l'infpection réunie par la préfente au commandement général; ledit Major qui aura rang de Sous-lieutenant, & commandera tous les Sous-lieutenans, foit qu'ils aient été reçus avant ou après lui, ne devant plus être chargé que des détails de l'intérieur du Corps, pour la difcipline, l'inftruction, les manœuvres, les remplacemens, les remontes, & de veiller à la comptabilité, le tout, fous l'autorité des Commandans dudit Corps.

I V.

L A place de Major en fecond, créée par l'ordonnance du 8 juin 1764, fera fuprimée.

V.

L E s deux Aides-major & les cinq Sous-aides-major, créés par les ordonnances des 5 juin 1763, 8 juin 1764 & 20 avril 1768,

seront conservés & subsisteront tels qu'ils
sont aujourd'hui.

V I.

VEUT au surplus Sa Majesté, que ces ordonnances des 5 juin 1763, 8 juin 1764
& 20 avril 1768, soient exécutées dans
toute leur étendue, à la réserve seulement
de ce qui pourroit être contraire à la présente.

MANDE & ordonne Sa Majesté au sieur
Marquis de Castries, qu'Elle a établi Commandant général & Inspecteur de la Gendarmerie, en qualité de Capitaine-lieutenant des
Gendarmes Ecossois, & aux autres Capitaines-lieutenans des compagnies d'ordonnance,
de tenir la main à l'exécution de la présente
Ordonnance, laquelle Sa Majesté veut être
lue & publiée à la tête de la Gendarmerie,
à ce qu'aucun n'en prétende cause d'ignorance.

FAIT à Versailles, le trois janvier mil sept
cent soixante-dix.

Signé, LOUIS.

Et plus bas, LE DUC DE CHOISEUL.

ORDONNANCE DU ROI,

*Concernant le service des Sous-lieu-
tenans, Enseignes & Guidons
de la Gendarmerie.*

Du 17 Juin 1770.

DE PAR LE ROI.

SA MAJESTÉ jugeant nécessaire à l'exactitude du service, & au maintien de la discipline & police de la Gendarmerie, de rétablir le service réglé pour les Sous-lieutenans, Enseignes & Guidons de ce Corps, par l'article XXXIII de l'Ordonnance du 5 juin 1763, & sans avoir égard à celles des 8 juin 1764 & 4 septembre suivant, a ordonné & ordonne ce qui suit :

ARTICLE PREMIER.

A commencer du premier Septembre de la présente année, un Sous-lieutenant, un Enseigne & un Guidon de la Gendarmerie, se rendront sur les ordres qu'ils en recevront du Commandant du Corps, ou par l'avis qu'il leur en fera donner par le Major, le premier de chaque mois au quartier de l'Etat-major dudit Corps : & y seront relevés par d'autres Officiers du même grade, le premier du mois fuivant ; l'intention de Sa Majefté étant qu'ils n'en puiffent pas partir que ceux qui les doivent relever, n'y foient arrivés, de maniere qu'il y ait toujours au Corps de la Gendarmerie, des Officiers en état de faire exécuter les ordres de Sa Majefté.

I I.

INDÉPENDAMMENT de ce fervice des mois, tous les Officiers de la Gendarmerie continueront de fe rendre tous les ans à leur troupe ; favoir, les Capitaines-lieutenans, fur les ordres de Sa Majefté, qui leur feront adreffés par le Commandant général du Corps, le premier Juillet ; & les Sous-lieutenans, Enfeignes & Guidons, fur les ordres qui leur en feront donnés par le Commandant du Corps, ou par l'avis qui leur en fera donné par le Major le premier Juin, pour y demeurer tous jufqu'au premier Septembre.

N'entend Sa Majefté, comprendre dans la difpofition de l'article II, les Capitaines-lieutenans des compagnies des Gendarmes Ecoffois & Anglois, attendu les fonctions & le fervice particulier qui leur font affectés.

Veut au furplus, Sa Majefté, que fes Ordonnances rendues fur le Corps de la Gendarmerie, aient leur exécution en tout ce qui ne fera pas contraire à la préfente.

MANDE & ordonne Sa Majefté, au fieur

Marquis de Caſtries, Commandant général & Inſpecteur de la Gendarmerie, aux Capitaines-lieutenans des compagnies dudit Corps, & aux Commiſſaires des guerres à ſa conduite & police, de tenir la main à l'exécution de la préſente Ordonnance, laquelle Sa Majeſté veut être lue & publiée à la tête de la Gendarmerie, à ce qu'aucun n'en prétende cauſe d'ignorance.

FAIT à Verſailles le dix-ſept Juin mil ſept cent ſoixante-dix.

Signé LOUIS.

Et plus bas, LE DUC DE CHOISEUL.

ORDONNANCE

ORDONNANCE DU ROI,

Concernant le service des Gendarmes des compagnies d'ordonnance du Corps de la Gendarmerie.

Du 18 Juin 1770.

DE PAR LE ROI.

SA MAJESTÉ étant satisfaite des services du Corps de sa Gendarmerie : Et voulant traiter favorablement les Gendarmes des compagnies d'ordonnance qui le composent, a ordonné & ordonne ce qui suit :

ARTICLE PREMIER.

IL sera expédié des Lettres pour tenir rang de Lieutenant de Cavalerie, aux Fourriers de chacune des trois brigades de chaque compagnie de Gendarmerie.

I I.

LES places d'Appointés appartiendront de droit aux plus anciens Gendarmes de chaque compagnie, les trois brigades rouleront ensemble à cet effet; Sa Majesté dérogeant, quant à ce choix, à ce qui est porté par l'article XXI de l'Ordonnance du 5 Juin 1763, qui attribuoit la place d'Appointé

H

aux quatre plus anciens Gendarmes de chaque brigade.

I I I.

QUAND un Gendarme fera pourvu d'un emploi de Sous-lieutenant ou autre, dans les Troupes, s'il fe trouve en concurrence avec de nouveaux fujets pourvus de pareils emplois le même jour que lui, fon fervice de Gendarme lui fera compté comme fervice de Sous-lieutenant.

I V.

LE fervice de Gendarme lui fera compté également pour parvenir à une place de Chevalier dans l'Ordre de Saint-Louis, foit qu'il entre dans un autre Corps, foit qu'il refte dans la Gendarmerie; mais dans le dernier cas il ne fera fufceptible de cette grace que quand il fera parvenu à l'état de Maréchal-des-logis, Brigadier, Sous-brigadier, Porte-étendards ou Fourrier.

V.

L'INTENTION de Sa Majefté eft que le fervice d'un Gendarme qui quittera le Corps, ne puiffe être conftaté que par un congé de retraite, figné du Capitaine-lieutenant de la compagnie dans laquelle il aura fervi, & auquel il fera joint un certificat de fervice, figné du Commandant général Infpecteur:

Dérogeant Sa Majesté à toutes les Ordonnances contraires.

MANDE & ordonne Sa Majesté au sieur Marquis de Castries, Commandant général & Inspecteur de la Gendarmerie, en qualité de Capitaine-lieutenant des Gendarmes-Ecossois, & aux autres Capitaines-lieutenans des compagnies d'ordonnance, de tenir la main à l'exécution de la présente Ordonnance, laquelle Sa Majesté veut être lue & publiée à la tête de la Gendarmerie, à ce qu'aucun n'en prétende cause d'ignorance.

FAIT à Versailles le dix-huit Juin mil sept cent soixante-dix.

Signé LOUIS.

Et plus bas, LE DUC DE CHOISEUL.

RÉGLEMENT
PROVISIONNEL

Sur quelques parties du service du Corps de la Gendarmerie.

Du 25 Juin 1770.

DE PAR LE ROI.

SA MAJESTÉ a réglé par l'Ordonnance du 5 Juin 1763, concernant le Corps de la Gendarmerie, l'ordre dans lequel les comptes doivent être rendus depuis les Chefs d'escouades jusqu'aux Capitaines-lieutenans : Et voulant expliquer ses intentions sur la manière dont les comptes doivent parvenir desdits Capitaines à ceux de la compagnie Angloise & de la compagnie Ecossoise, auxquelles il a plu à Sa Majesté d'attacher, par l'Ordonnance du 3 Janvier dernier, le commandement en second & général, Elle a ordonné & ordonne ce qui suit :

ARTICLE PREMIER.

TOUT ce qui a rapport à la discipline, à la police, au bon ordre & au service, passera, suivant les gradations établies par l'article VIII de l'Ordonnance du 5 Juin 1763, au Capitaine-lieutenant ou Commandant de chaque compagnie , & par celui-ci au Commandant en fecond de la Gendarmerie, lorfqu'il fera préfent , pour en rendre compte au Commandant général.

Sa Majefté entend qu'il en foit de même de toutes les permiffions particulieres de s'abfenter , lefquelles n'excéderont jamais le terme de huit jours.

I I.

CES comptes fe rendront à la garde montante, à moins de cas preffans qui ne permettroient pas d'attendre l'heure indiquée pour ladite garde.

I I I.

N'ENTEND point Sa Majefté comprendre dans lefdits comptes ci-deffus , tous les détails qui peuvent être relatifs non-feulement à l'infpection dudit Corps , mais encore à la réception & à la réforme des Gendarmes & des chevaux, aux graces , congés , & enfin à tout ce qui peut tenir à la compofition des compagnies dont les comptes continueront d'être traités directement des Capitaines-lieutenans defdites compagnies d'ordonnances de la Gendarmerie , au Commandant général Infpecteur.

I V.

SA MAJESTÉ ayant expliqué, par les arti-

cles XVIII, XIX & XX de ladite Ordonnance du 5 Juin 1763, la maniere dont Elle
veut que le choix des Maréchaux-des-logis,
Brigadiers, Sous-brigadiers & Fourriers foit
fait dans fa Gendarmerie, fon intention eft
que cette même forme foit obfervée avec
exactitude & que déformais aucuns defdits
Maréchaux-des-logis, Brigadiers, Sous-brigadiers & Fourriers ne puiffent être reçus à leurs
emplois, ni en faire les fonctions, fans
que préalablement les Capitaines - lieutenans
en aient obtenu l'agrément du Commandant
général.

V.

VEUT au furplus Sa Majefté, que le fervice de la Gendarmerie fe faffe à Lunéville,
ainfi qu'il eft réglé par l'Ordonnance du premier Mars 1768, concernant le fervice des
Places ; autorifant d'ailleurs le Commandant
général dudit Corps à pourvoir provifionnel-
lement à tout ce qui pourroit n'avoir pas été
prévu par ledit Réglement : il en informera
le Secrétaire d'Etat ayant le département de
la guerre, pour en rendre compte à Sa Majefté & prendre fes ordres.

V I.

LE fieur Marquis de Caftries, Commandant général & Infpecteur de la Gendarmerie, les Capitaines-lieutenans des compagnies

dudit Corps & les Commiſſaires des guerres à ſa conduite & police, tiendront la main à l'exécution du préſent Réglement, lequel Sa Majeſté veut être lu & publié à la tête de la Gendarmerie, à ce qu'aucun n'en prétende cauſe d'ignorance.

FAIT à Verſailles le vingt-cinq Juin mil ſept cent ſoixante-dix.

Signé, LOUIS.

Et plus bas, LE DUC DE CHOISEUL.

ORDONNANCE DU ROI,

Pour régler les appointemens de quelques Officiers de l'Etat-major de la Gendarmerie.

Du 25 Juin 1770.

DE PAR LE ROI.

SA MAJESTÉ ayant établi par ſon Ordonnance du 3 Janvier dernier, un Commandant général & Inſpecteur, & un Commandant en ſecond de la Gendarmerie, & voulant régler leurs appointemens, ainſi que ceux de quelques Officiers de l'Etat-major de ce Corps, Elle a ordonné & ordonne ce qui ſuit.

ARTICLE PREMIER.

Il fera payé au fieur Marquis de Caftries, que Sa Majefté a établi Capitaine-lieutenant des Gendarmes Ecoffois, Commandant général & Infpecteur de la Gendarmerie, un traitement de trente mille livres par an fur les fonds de l'ordinaire des guerres, y compris les neuf mille cinq cent livres d'appointemens attachés à la charge de Capitaine-lieutenant des Gendarmes Ecoffois, & le décompte lui en fera fait à commencer dudit jour trois Janvier dernier.

I I.

Il fera payé fur les mêmes fonds, à dater dudit jour 3 Janvier, la fomme de vingt mille livres au fieur Marquis d'Autichamp, que Sa Majefté a auffi établi Capitaine-lieutenant des Gendarmes Anglois & Commandant en fecond dudit Corps ; la fomme de neuf mille cinq cent livres d'appointemens attachés à la charge de Capitaine-lieutenant des Gendarmes Anglois, devant faire partie de ladite fomme de vingt mille livres.

I I I.

Entend Sa Majefté, qu'à commencer du premier du mois de Novembre prochain, les appointemens du Major de la Gendarmerie foient fixés à la fomme de dix mille livres par an, dérogeant à cet égard Sa Majesté à l'article **XXIII** de l'Ordonnance du 5 Juin 1763.

I V.

VEUT aussi Sa Majesté que les deux Aides-major créés par l'Ordonnance du 8 Juin 1764, jouissent, à dater dudit jour premier Novembre prochain, des appointemens de cinq mille cinq cent livres par an, qu'elle régle à l'avenir par la présente Ordonnance à chacun des Officiers qui seront pourvus des charges d'Aides-major de la Gendarmerie, déroge à cet effet Sa Majesté à l'article **III** de ladite Ordonnance du 8 Juin 1764: les appointemens du Major & des deux Aides-major, devant au surplus leur être payés sur les fonds de l'ordinaire des guerres.

MANDE & ordonne Sa Majesté au sieur Marquis de Castries, Commandant général & Inspecteur de la Gendarmerie & aux Commissaires des guerres à la conduite & police, de tenir la main à l'exécution de la présente Ordonnance, laquelle Sa Majesté, veut être lue & publiée à la tête de la Gendarmerie à ce qu'aucun n'en prétende cause d'ignorance.

FAIT à Marli, le vingt-neuf Juin mil sept cent soixante-dix.

Signé, LOUIS,
Et plus bas LE DUC DE CHOISEUL.

ORDONNANCE DU ROI,

Portant augmentation de deux Aides-major, & suppression d'un Sous-aide-major dans le Corps de la Gendarmerie.

Du premier Novembre 1770.

DE PAR LE ROI.

SA MAJESTÉ jugeant convenable au bien de son service, & à l'instruction, discipline & police de sa Gendarmerie, d'augmenter de deux Aides-major le nombre des deux qu'Elle a ci-devant créés dans ce Corps par son Ordonnance du 8 Juin 1764 ; Elle a ordonné & ordonne ce qui suit :

ARTICLE PREMIER.

A commencer de ce jour, il sera établi deux charges d'Aides-major d'augmentation dans la Gendarmerie, aux appointemens de cinq mille livres par an, pour chacun des Officiers qui en seront pourvus, lesquels en seront payés de la même maniere & sur les mêmes fonds que les autres Officiers de l'Etat-major de ce Corps.

I I.

Ces deux Aides-major auront l'un & l'autre le rang d'Enseigne, des jour & date de leurs brevets d'Aide-major, & le commandement sur tous les Enseignes du Corps; lesdits Officiers ne pourront s'absenter dudit Corps, sans une permission de Sa Majesté.

I I I.

Au moyen de l'augmentation des susdites deux charges d'Aides-major, Sa Majesté entend qu'il soit supprimé une place de Sous-aide-major dans ledit Corps, à commencer de ce jour, & que le nombre des Sous-aides-major soit dorénavant fixé à quatre.

Mande & ordonne Sa Majesté au sieur Marquis de Castries, Capitaine-lieutenant des Gendarmes Ecossois, & Commandant général Inspecteur du Corps de la Gendarmerie, aux autres Capitaines-lieutenans des compagnies de ce Corps, & en leur absence à ceux qui les commandent, & aux Commissaires des guerres à sa conduite & police, de tenir la main à l'exécution de la présente Ordonnance, laquelle Sa Majesté veut être lue & publiée à la tête de la Gendarmerie, à ce qu'aucun n'en prétende cause d'ignorance.

Fait à Fontainebleau le premier Novembre mil sept cent soixante-dix.

Signé, **LOUIS**.

Et plus bas, LE DUC DE CHOISEUL.

ORDONNANCE DU ROI,

Concernant les Enseignes & les Aides-major, de la Gendarmerie.

Du 23 Janvier 1771.

DE PAR LE ROI.

SA MAJESTÉ ayant égard à ce qui lui a été représenté, que la disposition qu'Elle s'est réservée par son Ordonnance du 3 Janvier de l'année derniere, des charges de Capitaine-lieutenant des compagnies des Gendarmes Ecossois & Anglois, prive les Enseignes de la Gendarmerie, de l'avancement qu'ils pouvoient espérer par la vacance de ces deux charges : Et jugeant aussi, qu'il convient d'attacher à l'état d'Aide-major de sadite Gendarmerie, un grade militaire proportionné à l'importance de ses fonctions, & au rang qu'il donne dans le Corps ;

Elle a ordonné & ordonne, qu'à l'avenir les deux Enseignes qui se trouveront par leur

rang, les premiers à monter à des Sous-lieu-
tenances, non compris l'Enfeigne & le Guidon des Ecoffois, auront le rang de Meftre-
de-camp de Cavalerie :

Et que le même rang de Meftre-de-camp
de Cavalerie, fera attaché à l'état d'Aide-
major dans ce Corps ; l'intention de Sa Majefté étant, que les Commiffions de ce grade
foient expédiées aux Enfeignes, des jours
qu'ils feront devenus les premier & fecond
dans la claffe des Enfeignes ; & aux Aides-major, de la même date de leurs brevets d'Aide-major.

N'entend cependant Sa Majefté, exclure
du grade de Meftre-de-camp, les Enfeignes
qui, fans être les premier & fecond, fe trouveront avoir des fervices, & une ancienneté
dans le grade de Lieutenant-colonel, qui
pourroient les en rendre fufceptibles : fe réfervant d'avoir égard au compte qui lui fera
rendu par le Commandant général & Infpecteur de la Gendarmerie, de leur pofition, &
des circonftances qui les mettront à portée
d'efpérer cette grace.

MANDE & ordonne Sa Majefté au fieur
Marquis de Caftries, Commandant général
& Infpecteur du corps de la Gendarmerie,
de tenir la main à l'exécution de la préfente
Ordonnance, laquelle Sa Majefté veut être
lue & publiée à la tête de la Gendarmerie.

FAIT à Versailles le vingt-trois Janvier mil sept cent soixante-onze.

Signé, LOUIS.

Et plus bas, MONTEYNARD.

ORDONNANCE DU ROI,

Concernant les Trompettes établis dans le Corps de la Gendarmerie.

Du 15 Février 1771.

DE PAR LE ROI.

SA MAJESTÉ a fixé par son Ordonnance du 5 Juin 1763, concernant la Gendarmerie, la solde de chacun des Trompettes de ce Corps, à la somme de trente-trois livres par mois ; mais considérant qu'ils n'ont pas le même zéle pour leur instruction, & que la différence qui se trouve dans leurs talens exige qu'il y en ait une dans leur solde, l'intention de sa Majesté est qu'il soit établi une masse de la totalité de la solde qui est réglée auxdits Trompettes par l'Ordonnance du 5 Juin 1763, & que sur cet masse, il ne soit payé à chacun d'eux que la solde qui leur sera réglée par le sieur Marquis de Castries, Commandant général & Ins-

pecteur de la Gendarmerie , proportioné-
ment à leur application & aux progrès qu'ils
feront dans leurs inſtructions. Sa Majeſté dérogeant à cet égard à ladite Ordonnance,
en ce quelle a preſcrit qu'il ſera payé indiſtinc-
ment à chacun deſdits Trompettes la ſomme
de trente-trois livres par mois.

MANDE & ordonne Sa Majeſté au ſieur
Marquis de Caſtries Capitaine-lieutenant des
Gendarmes Ecoſſois & Commandant Inſpecteur du Corps de la Gendarmerie , aux autres Capitaines-lieutenans des compagnies de
ce Corps, & en leur abſence à ceux qui les
commandent, & aux Commiſſaires des guerres à ſa conduite & police, de tenir la main
à l'exécution de la préſente Ordonnance ; laquelle Sa Majeſté veut être lue & publiée à la
tête de la Gendarmerie, à ce qu'aucun n'en
prétende cauſe d'ignorance.

FAIT à Verſailles le quinze Février mil
ſept cent ſoixante-onze.

Signé, LOUIS.

Et plus bas MONTEYNARD.

REGLEMENS

Arrêtés par Sa Majesté le 16 Octobre 1771, sur plusieurs objets relatifs au service de la Gendarmerie.

Sur la validité des démissions des emplois.

ARTICLE PREMIER.

TOUT Officier supérieur de la Gendarmerie qui mourra sans donner sa démission, perdra les fonds libres de sa charge, & ses heritiers ne pourront répéter que la valeur du brevet de retenue qui lui aura été accordé.

I I.

DÈs qu'un Officier supérieur de la Gendarmerie sera parvenu au grade de Maréchal-de-camp, sa démission sera censée agréée, & les fonds de sa charge mis à couvert du jour qu'il aura plu à Sa Majesté de le faire Officier général.

Dans toute autre circonstance aucune démission ne pourra avoir de valeur, qu'autant que l'Officier qui se démettra aura rempli les conditions expliquées ci-après pour tous les cas où il peut se trouver.

III.

I I I.

Ce sera du jour qu'une démission sera donnée dans les formes suivantes, & non du jour de sa date, que l'on calculera les délais fixés pour la recevoir.

I V.

Pour valider une démission, il faudra qu'elle soit datée & signée par l'Officier qui se démettra, & qu'à moins de maladie & des cas indiqués ci-après, il la porte lui-même au Commandant général du Corps qui prendra les ordres du Roi sur l'acceptation ou le refus que Sa Majesté jugera à propos d'en faire ; & voulant bien distinguer les démissions données dans l'état de santé, de celui où les Officiers se trouveroient malades & alités ; Elle a réglé séparément les formes différentes auxquelles ils seront assujettis dans l'une ou l'autre de ces circonstances.

V.

Dans la première supposition & dans l'espace de huit jours, à dater de celui d'une démission donnée dans la forme prescrite par l'article précédent, Sa Majesté voudra bien faire connoître ses intentions sur son acceptation, ou plutôt, si cela est possible, & si par quelques circonstances qui ne provinssent pas de l'Officier qui se démettra, Elle n'avoit pas eu le temps de s'expliquer sur l'acceptation ou le refus de ladite démission, Elle veut bien déclarer qu'elle la considérera comme bonne après cet espace de temps, & autoriser dans ce cas le Commandant général à la recevoir, ainsi que toutes celles qui auroient été données dans les formes indiquées, lorsque ledit Commandant se trouvera hors de portée de prendre les ordres de Sa Majesté.

V I.

DANS la supposition qu'un Officier supérieur non malade, voulût se démettre, se trouvant à Paris, il portera sa démission chez le Commandant général ; & dans le cas où ledit Commandant ne s'y trouveroit pas, cet Officier la lui adresseroit, prenant alors pour sa sûreté la précaution d'en déposer un double chez un Notaire, & d'en prendre acte par lequel il seroit dit, que n'ayant pas trouvé le Commandant général chez lui, il a fait ledit dépôt pour profiter des avantages qu'il a plu à Sa Majesté d'accorder par l'article V. du présent réglement.

V I I.

POUR égaliser l'intervalle que Sa Majesté entend qui soit observé entre le moment où la démission sera donnée & celui supposé nécessaire pour être mis sous ses yeux, son in-

tention est que l'Officier qui voudroit se
démettre, étant à son Corps, adresse sa démission au Commandant général s'il en est
absent, & qu'en en remettant un double au
Commandant sur les lieux, il soit retranché
sur le délai fixé par l'article V, le temps qu'il
faut à la poste pour faire parvenir ladite démission au Commandant général à Paris,
après lequel terme elle sera réputée valable.

V I I I.

Si l'Officier qui veut se démettre ne se
trouve ni à Paris, ni à la Gendarmerie, il
adressera également sa démission au Commandant général; mais elle ne sera censée
donnée que du jour qu'elle lui parviendra,
& ce n'est que de cette époque que dateront
les délais fixés par l'article V.

I X.

' Si l'Officier qui veut se démettre se trouve
malade & alité, soit à son Corps, à Paris
ou en province, il ne sera point soumis,
dans les deux premiers cas, à porter lui-
même sa démission, ainsi qu'il est prescrit
aux Officiers en santé, & Sa Majesté veut
bien, par égard pour sa situation, abreger les
délais prescrits ci-dessus, pour prendre ses
ordres & regarder la démission de cet Officier,
comme valable, s'il y survit vingt-quatre heures, pourvu que préalablement, il ait rempli

les conditions auxquelles Sa Majesté juge à propos de les assujettir dans les trois suppositions susdites.

S A V O I R;

DANS le premier cas où ledit Officier se trouvera au Corps, il fera remettre sa démission au Commandant général, s'il est sur les lieux, ou la lui adressera s'il est absent, en faisant remettre le même jour un double au Commandant dudit Corps.

Dans le second cas où l'Officier malade qui se démettra, se trouveroit à Paris, il enverra sa démission au Commandant général, & si ledit Commandant n'y est pas, cet Officier la lui adressera, en prenant la précaution d'en déposer un double chez un Notaire ainsi qu'il est prescrit par l'article VI.

Dans la derniere supposition que ledit Officier qui se demet, soit en province, il adressera sa démission au Commandant général, en enverra le même jour un double à l'Officier général employé, ou Lieutenant-de-roi, commandant dans la Ville la plus prochaine du lieu de sa résidence, lequel double de ladite démission sera fait devant Notaire, qui en donnera un reçu daté & signé pour constater le jour & l'heure qu'elle lui aura été remise.

Tout Officier qui, dans ces trois derniers cas, n'aura pas rempli les obligations auxquelles l'intention de Sa Majesté est qu'il soit assujetti, ne pourra prétendre à l'avantage qu'elle juge à propos de lui accorder à raison de son état de maladie.

Si un Officier, dans l'état de santé, avoit donné sa démission, & que dans l'intervalle du délai fixé dans ce cas-là, il tombât malade, il pourroit, en renouvellant ladite démission, jouir des délais moins longs attribués à cette situation.

X.

Tout Officier qui aura donné sa démission dans telle situation ou pour tel motif que ce puisse être, ne pourra prétendre à réclamer son emploi une fois qu'il aura rempli les conditions prescrites, & par elles sa démission sera devenue valable.

Concernant les avancemens des Officiers supérieurs de la Gendarmerie.

ARTICLE PREMIER.

Dans l'ordre des nominations, le plus ancien en grade, montera à la charge la plus anciennement vacante, & successivement tous les autres en suivant la date desdites vacances, à l'exception des cas indiqués par l'article III du présent Réglement.

Lorſque par une promotion ou toute autre citconſtance, pluſieurs emplois vaqueront le même jour, Sa Majeſté réglera les remplacemens ſur ce qu'Elle eſtimera plus avantageux à ſon ſervice.

I I.

Les brevets ſeront datés du jour de la vacance d'après les principes ſuivans.

S A V O I R;

1°. En cas de mort du poſſeſſeur, du jour de ſon déces.

2°. En cas d'avancement, ſoit au grade de Maréchal-de-camp, & à tout autre emploi étranger au corps, du jour que Sa Majeſté aura nommé à l'un, ou qu'Elle aura pourvu de l'autre, bien entendu que dans ce dit cas l'Officier nommé à un emploi, ſera obligé de remettre au Commandant général de la Gendarmerie, la démiſſion de la charge dont il étoit pourvu dans ce Corps.

3°. En cas de démiſſion, du jour qu'il aura plu au Roi de l'agréer.

I I I.

Sa Majeſté s'étant réſervé à la vacance des compagnies d'y faire paſſer un des Capitaines ou le premier Sous-lieutenant, pour, dans la première ſuppoſition, le faire remplacer par ledit Sous-lieutenant à la compa-

gnie qu'il auroit laiſſé vacante, Elle entend
que, conformément à ce qu'Elle a réglé le
12 Février 1764, aucun deſdits Capitaines
ne puiſſe en inférer le droit de paſſer à une
autre compagnie que celle dont il aura d'abord
été pourvu.

I V.

Les plus anciens Officiers à monter dans
chacun des grades de Sous-lieutenant, d'Enſeigne ou de Guidon, auront le choix d'acheter ou de laiſſer paſſer leur rang à la vacance
de chaque emploi auquel chacun d'eux ſera
dans le cas de monter.

V.

Lorsque le plus ancien Officier à monter aux grades ſupérieurs aura refuſé ou ſe
ſera déſiſté de ſon droit à acheter, on paſſera à celui qui le ſuivra, & ces derniers
jouiront des mêmes avantages que les premiers, & aux mêmes conditions.

V I.

A chaque vacance, le Commandant général
demandera aux Officiers qui ſeront à monter,
s'ils ſont dans l'intention d'acheter, & ils ſeront
obligés de lui déclarer immédiatement après s'ils
le peuvent ou ne le peuvent pas; dans la première ſuppoſition ils auront, du jour qu'ils auront été avertis, un mois pour dépoſer leur

argent, & rapporter l'acte de dépôt ; Sa Majesté se réservant d'accorder quinze jours de plus à ceux qui se trouveront dans des circonstances particulieres qui exigeroient un plus long délai que celui accordé ci-dessus, mais du jour que lesdits Officiers auront prononcé qu'ils veulent acheter, ils perdront leur droit à gagner l'emploi supérieur au leur, s'il venoit à vaquer par mort pendant le terme d'un mois ou de six semaines qui leur auront été accordés.

Si un desdits Officiers, ne trouvant pas ses fonds, se désistoit plutôt du droit d'acheter, il rentreroit dès-lors dans celui de son ancienneté pour gagner l'emploi, s'il y avoit lieu.

V I I.

Ceux qui ne voudront pas acheter le déclareront sur l'avis qu'ils recevront de déposer, & leur refus ne les privera pas du droit de reprendre leur rang à acheter la nomination suivante.

V I I I.

Les délais accordés, pour trouver son argent, feront calculés du jour de l'avertissement pour ceux qui feront présens, & on y ajoutera, pour ceux qui se trouveront absens, le temps que la poste employe naturellement pour porter les lettres dans les lieux de leur résidence.

I X.

QUOIQUE le grade de Major donne le commandement fur tous les Sous-lieutenans, & que celui d'Aide-major le donne fur celui des Enfeignes, Sa Majefté entend que le premier ne prenne rang dans la colonne des Sous-lieutenans, & le fecond dans celle des Enfeignes, que du jour de la date de leur brevet de Major ou d'Aide-major, afin que, parvenu par cette ancienneté à la tête defdites colonnes, ils puiffent monter à leur rang, l'un à la compagnie, l'autre à la Sous-lieutenance, en achetant, fans pour cela entrer en concurrence avec les Officiers du même grade, pour gagner, par mort, le prix defdites charges.

X.

LE Guidon de la compagnie Ecoffoife continuera de jouir du rang d'Enfeigne du jour de la date de fon brevet, & prendra rang du même jour pour arriver à la Sous-lieutenance, foit par mort ou en achetant.

Sur la répartition des soixante-dix mille livres qu'une charge de Capitaine-lieutenant laisse à gagner lorsqu'elle vaque par mort.

L'ORDONNANCE de 1763 qui a proportionné les pertes à faire, en cas de mort, sur chacune des charges de Sous-lieutenant & d'Enseigne, de maniere à y faire monter gratuitement les Officiers du mouvement que la vacance occasionne, n'ayant pas pourvu également au bénéfice à faire par la mort d'un Capitaine, Sa Majesté a réglé qu'à l'avenir les soixante-dix mille livres que cette charge laisse à gagner, seroient répartis dans la forme suivante.

SAVOIR;

Le Sous-lieutenant montant à la compagnie, au lieu de gagner trente mille livres n'en gagnera que   24000

L'Enseigne en montant à la Sous-lieutenance, au lieu de gagner quarante mille livres ne gagnera que   32000

Le Guidon en montant à l'enseigne, au lieu de gagner vingt mille livres, n'en gagnera que   14000

———————

     70000

Sur la maniere dont se feront à l'avenir les décomptes des Chefs de brigade, lorsqu'il quitteront, & pour régler qu'ils emmeneront aux brigades où ils monteront, les chevaux de celles qu'ils quittent.

SA MAJESTÉ ayant trouvé qu'il résultoit des inconvéniens du passage continuel des Chefs de brigade de sa Gendarmerie aux différentes brigades dont ces Officiers sont successivement pourvus, depuis le grade d'Enseigne jusqu'à celui de Capitaine, en ce que lesdits Officiers ne pouvoient, par l'obligation où ils étoient de laisser leurs chevaux aux brigades qu'ils quittoient, jouir des dépenses qu'ils avoient faites pour les bien monter, a arrêté que les Chefs de brigade emmeneroient avec eux aux brigades où ils monteront, les chevaux de celles qu'ils quitteroient, que les chevaux du Chef de brigade qui se démettroit, passeroient à la brigade du Guidon que la vacance dudit Officier fera monter à un Enseigne ; Elle a fait le Réglement suivant pour arrêter les formes dans lesquelles se feront les décomptes.

ARTICLE PREMIER.

TOUT Chef de brigade qui quittera le Corps de la Gendarmerie dans l'intervalle de la révue de Septembre à celle d'Avril, fera chargé du rétabliſſement de brigade en tout point pour le premier dudit mois ; il jouira en conſéquence des émolumens qui y ſont attachés juſqu'à cette époque ; mais en cas de mort, avec perte d'emploi, la troupe telle qu'elle ſe trouvera avec les décomptes des émolumens depuis la revue de Septembre, appartiendra au nouveau pourvu qui ſera chargé du rétabliſſement de ladite brigade.

I I.

DANS le cas où un Chef de brigade quittera dans le cours de l'été, du premier Avril au premier Septembre, il ne ſera tenu qu'à remplacer les effets & chevaux qui manqueront alors, au moyen du profit qu'il aura pu faire juſqu'à cette époque ſur les émolumens de ſa brigade, ſans que les chevaux ſuſceptibles d'être réformés dans ce moment là, puiſſent le regarder.

I I I.

LE Guidon auquel paſſeront les chevaux de la brigade vacante, la recevra complette, d'après les principes indiqués par l'article I, du préſent réglement & des époques qui y ſeront fixées ; il ſera chargé du rétabliſſement ſubſéquent de la brigade à laquelle il aura été nommé, en touchant de ce jour-là le non-complet en hommes de ladite brigade.

I V.

L'Enseigne en montant à la Sous-lieutenance & le Sous-lieutenant à la compagnie,
abandonneront, aux mêmes époques, le produit du non-complet en hommes des brigades
qu'ils quitteront, & jouiront du même jour
de ceux des brigades auxquelles ils paf-
feront.

RÉGLEMENT

Concernant l'Habillement, l'Equipe-
ment & l'Armement du Corps
de la Gendarmerie.

Du 18 Février 1772.

DE PAR LE ROI.

SA MAJESTÉ voulant raffembler en un
feul corps, les difpofitions des Ordonnances concernant l'habillement, l'équipement
& l'armement de fa Gendarmerie, & pourvoir aux différens objets de fa tenue, fur
lefquels Elle n'avoit point encore ftatué, a
ordonné & ordonne ce qui fuit :

TITRE PREMIER.

De l'habillement, Equipement & Armement du Gendarme.

ARTICLE PREMIER.

Composition de l'habillement.

L'HABIT fera de drap écarlate, revers, collet & paremens de même drap, la doublure de ferge chamois, à l'exception de celle des manches, qui fera de toile; l'habit fera croifé par derriere, il fe portera déboutonné, les baf-ques retrouflées & agraffées.

La velte fera de drap de couleur chamois, elle fera doublée de toile de coton écrue.

La culotte fera de peau de daim, conforme au modele arrêté; & le Gendarme fera tenu de s'en pourvoir, & de s'en entretenir à fes frais.

II.

L'HABIT des Brigadier, Sous-brigadier, Porte-étendard, Fourrier, Appointé & Gen-darme, fera façonné avec une aune & un quart de drap écarlate, large de cinq quarts, deux aunes & demi-quart de ferge large de cinq huitiémes; trois quarts de toile pour poches & droits-fils, & neuf aunes de galon.

La veſte ſera façonnée avec ſept huitiémes de drap couleur chamois ; & une aune
de toile de coton de trois quarts de large
pour doublure.

III.

Diſpoſition du Galon, & proportions de l'Uniforme.

L'HABIT, les revers, paremens, collet &
pattes de poches, ſeront bordés d'un galon
d'un pouce de large, de la forme & du deſſin du modéle arrêté ; chaque côté de revers
ſera garni de ſix brandebourgs, & de deux
au-deſſous de chaque revers, leſquels ſeront
proportionnés à la taille des Gendarmes, de
ſeize à dix-huit pouces de longueur, ils auront trois pouces neuf lignes de largeur à la
partie ſupérieure, & trois pouces en bas.

Les brandebourgs du revers formeront trois
pointes, celle du milieu ſera terminée ſur les
bords du revers, les deux autres ſeront ſur
la même ligne.

Les deux brandebourgs du deſſous de
chaque revers, auront la pointe du côté ſur
l'alignement des revers.

Le collet ſera rond & élevé du derriere,
arrivant du devant juſte au bas du col, de
maniere qu'il ferme bien ; il ſurpaſſera de
deux lignes le bordé du revers, & les pointes ſeront fixées ſous le revers au moyen
d'un bouton

. La longueur des manches dépaſſera un peu la jointure du poignet au bras, elles feront aſſez larges pour mettre des manches de veſte.

Le parement fera doublé de ſerge, comme l'habit, il fera coupé rond en botte, un peu plus large du côté du bras que ſur le poi-gnet, il aura quatre pouces de hauteur.

Les poches feront en travers, les pattes poſées trois lignes au-deſſous du bouton de la hanche, & diſtantes de deux pouces du bord de devant.

Il y aura un demi-pli à l'habit, qui ſe terminera au milieu de la baſque, le ſurplus fera fermé par une couture.

L'habit fera façonné proportionnément à la taille de chaque Gendarme, aſſez large & aiſé pour qu'il puiſſe faire tous les mou-vemens ſans être gêné, il defcendra juſqu'au plis du jarret, il fera aſſez large de poitrine, & s'agraffera juſqu'au troiſiéme brandebourg.

I V.

Diſtinction des grades.

L'HABIT du Gendarme-appointé, fera le même que celui du Gendarme, & il ne fera diſtingué que par un ſecond galon ſur le pa-rement, de même largeur que celui de l'ha-bit.

Le Fourrier portera le même habit que le Gendarme, il fera diſtingué par deux brandebourgs

debourgs de galon pareil à celui de l'habit, qu'il portera fur chaque parement.

L'habit du Porte-étendard, fera le même que celui du Gendarme, il fera diftingué par un fecond galon d'un pouce & demi de large, qu'il portera fur le parement ; par un galon pareil à celui de l'habit, qu'il portera autour de chaque poche ; & par un éculfon de galon de même efpéce, qu'il portera fur les hanches pour couvrir la couture du pli des côtés.

L'habit uniforme du Sous-brigadier, fera le même que celui du Porte-étendard.

Le Brigadier portera l'habit uniforme femblable à celui du Sous-brigadier, & il fera diftingué par un troifiéme galon de la largeur d'un pouce fur le parement, de façon que le galon d'un pouce & demi de large, fera renfermé par deux autres de la largeur d'un pouce.

Les épaulettes des habits des Gendarmes, feront de drap couvert d'un galon d'argent, fans franges ; ce galon fera liféré de foie de la couleur affectée à chaque compagnie.

Chaque revers fera garni de fept petits boutons, & le furplus de l'habit le fera de feize gros, dont trois à chaque poche, deux au-deffous du revers, un fur chaque hanche, & trois fur le parement de chaque manche.

Les boutons feront argentés, de forme plate, ayant un foleil en relief dans le mi-

K

lieu, autour duquel sera inscrit, *Gendarme-rie de France.*

La veste sera sans poches, les basques du devant carrées & ouvertes, elle aura cinq pouces du dernier bouton au bas de la basque, elle sera garnie de douze petits boutons, du même modéle que ceux de l'habit.

V.

Des Surtouts.

Le surtout du Brigadier, Sous-brigadier, Porte-étendard, Fourrier, Appointé & Gendarme, sera de drap écarlate doublé de serge chamois.

La veste sera la même que celle qui a été réglée ci-dessus pour l'uniforme.

Il sera employé à la confection de chaque surtout :

Une aune un quart Drap large de cinq quarts.

Deux aunes un quart Serge chamois.

Trois quarts Toile pour poches, droits-fils & doublures des manches.

Et vingt gros boutons pareils à ceux de l'habit.

Le surtout sera croisé par-derriere au bas de la taille, les basques retroussées & agraffées ; il sera fait dans les mêmes proportions que l'habit uniforme, la poche en travers, garnie de trois gros boutons, le parement en botte, fermé en deſſous, & de quatre pouces de hauteur.

Chaque Gendarme ſera tenu de ſe fournir une culotte de drap chamois de la même nuance que la veſte.

V I.

Du Manteau.

Le manteau ſera de drap écarlate parementé de ſerge chamois, le collet ſera bordé d'un galon pareil à celui de l'habit, pour la confection duquel il ſera employé quatre aunes un tiers de drap large de quatre quarts.

Il ſera parementé ſur le devant d'une aune & demie de ſerge chamois.

V I I.

Epaulettes du ſurtout pour la diſtinction des Grades.

Les Gendarmes porteront ſur le ſurtout une épaulette de Sous-lieutenant à fond de ſoie, de la couleur affectée à leur compagnie, loſangée de carreaux de treſſe d'argent avec des franges mêlées de ſoie & d'argent, en proportion du mélange de l'épaulette.

Les Fourriers, Porte-étendards, Sous-brigadiers & Brigadiers, porteront l'épaulette de Lieutenant à fond d'argent loſangée de carreaux de ſoie de la couleur de leur compagnie, & garnie de franges mêlées de filés d'argent & de foie, en proportion du mélange de l'épaulette.

V I I I.

Coiffures & menues fournitures.

Le chapeau fera bordé d'un galon large de vingt une lignes du même deffein que celui de l'habit.

La cocarde fera de bafin conforme au modéle arrêté.

Le col fera de velours noir.

La boucle de col fera d'acier, fuivant le modéle.

Les gants de peau de daim, à patte forte.

Tous ces effets feront donnés aux Gendarmes, aux frais des Chefs de brigades.

I X.

Tenue des Gendarmes.

Les cheveux feront liés en queue attachée près de la tête, avec une rofette conforme au modéle.

Les cheveux des faces formeront une boucle.

Les manchettes de chemifes feront de batifte ou moufleline unie, d'un pouce & demi de hauteur, avec un ourlet plat.

Les manchettes de bottes feront de tôile, fans être ouvertes ; il y aura à la partie fupérieure une boutonniere en long pour l'attacher au quatriéme bouton de la culotte.

Les boucles de souliers seront d'argent ou de métal blanc de forme carrée, ornée de huit palmes, du même dessein réduit que celles de la broderie des Officiers.

Les bottes molles seront conformes au modéle arrêté.

Il sera toléré en temps de paix seulement, de porter pendant l'été des cols, gilets, culottes & bas blancs; les gilets & culottes seront de coutil blanc, & exécutés conformément au modéle arrêté; les bas ne pourront être de soie.

X.

De l'Equipement.

Les bottes uniformes seront fortes, conformes au modéle réglé.

De la Bandouliere.

La bandouliere sera de mouton fort, doublée de peau blanche, large de trois pouces huit lignes, & de quatre pieds & demi de longueur, bordée d'un galon d'argent de quinze lignes de largeur, du même dessein que celui de l'habit; le milieu sera rempli par un galon de soie de la couleur affectée à chaque compagnie : chaque bout de la bandouliere sera terminé par une petite plaque de fer poli; sur l'une il sera soudé un petit porte-mousqueton, & sur l'autre une branche de fer recourbée en forme d'anneau.

Du galon distinctif des bandoulieres.

Les galons qui formeront le milieu des bandoulieres & la distinction des compagnies, seront,

S A V O I R;

De couleur *jonquille* pour la compagnie des Gendarmes-Ecossois.

Le *violet* à celle des Anglois.

Le *gros-vert*, à celle des Bourguignons.

La *feuille-morte*, à celle de Flandre.

Le *rouge-ponceau*, à celle de la Reine.

Le *bleu-céleste*, à la compagnie des Gen-darmes-Dauphin.

Le *bleu-de-roi*, à celle de Berry.

Le *vert-d'eau*, à celle de Provence.

Le *cramoisi*, à celle d'Artois.

Et le *souci*, à celle d'Orléans.

Du Ceinturon.

Le ceinturon sera de buffle, long de quatre pieds, & large de deux pouces & demi, sans piqûre & garni d'une plaque de métal blanc ou d'acier poli, à laquelle il y aura une chape de fer ouverte pour passer un crochet qui sera cousu à l'extrémité de la gauche de la ceinture; le sabre sera porté par un pendant de buffle en ligne perpendiculaire un peu inclinée, & il y sera attaché une petite boucle pour fixer le fourreau du sabre,

au moyen d'une courroie qui y fera attachée
le ceinturon fera bordé d'un galon d'argent,
conformément au modéle qui en a été réglé.

Lorſque le Gendarme ne fera point à cheval, il portera un ceinturon de buffle jaune
fans galon, lequel fera au furplus exécuté
dans les mêmes formes & proportions du ceinturon uniforme ci-deſſus détaillé, & conformé
au modéle arrêté.

Leſdits ceinturons feront toujours portés
fur la veſte.

Du ſabre.

La garde du fabre fera couverte de trois
branches à coquille pleine & piquetée de
fer bronzé, la lame pleine & à dos, de la
longueur de trente-ſix pouces, un peu ré-
courbée vers la pointe, elle aura quatorze
lignes de largeur & cinq lignes d'épaiſſeur
près de la foie, & diminuera en proportion
juſqu'à la pointe.

Le fourreau du fabre fera d'un feul cuit
à femelle, fort & fans bois, il fera garni
d'un bout de fer bronzé & d'une chape de
même matiere.

Du cordon de ſabre.

Le cordon du fabre fera treſſé de filés
d'argent mêlés de foie de la couleur des
compagnies.

De l'épée.

. L'épée uniforme que le Gendarme portera à pied, sera d'acier, du même modéle que celle des Officiers supérieurs.

Du Porte-manteau.

Le porte-manteau sera de drap écarlate, conforme au modéle, dont la fourniture & l'entretien sera à la charge du Gendarme.

X I.

DE L'ARMEMENT.

Du Mousqueton.

LE canon du mousqueton aura deux pieds six pouces quatre lignes de longueur ; la baguette sera de fer, la grenadiere de cuir rouge à boucle coulante.

Des Pistolets.

Les canons des pistolets auront huit pouces & demi de longueur.

Du Plastron de cuirasse.

Le plastron de cuirasse sera de fer bronzé, doublé de toile matelassée, & bordé de drap cramoisi festonné.

Les bretelles seront de cuir rouge,

Les boucles & agraffes de fer bronzé,

XII.

DE L'EQUIPAGE DU CHEVAL.

De la selle.

LA selle d'armes sera de cuir fauve, des mêmes proportions que celles de la Cavalerie, & conforme au modéle arrêté.

De la Bride.

La monture de bride & filet à la françoise ; les rênes, les montans, la sous-gorge & la museliere auront douze lignes de large ; la têtiere sera de deux pouces de large ; le frontal de dix lignes ; il y aura à la têtiere un petit ruban de laine de la couleur des compagnies pour couvrir le toupet du cheval.

Les boucles seront de fer poli, & auront dix lignes d'ouverture : il y aura sous la têtiere un passant en travers, dans lequel passera la têtiere du filet.

Du Filet.

La rêne du filet aura quatre pieds de longueur ; il y aura à l'extrémité gauche une boucle coulante de huit lignes d'ouverture : les montans & la rêne auront dix lignes de largeur.

Indépendamment des parties d'équipement réglées par l'article X, chaque Gendarme sera pourvu d'un porte-cartouche percé de

onze coups fur deux rangs, de forme concave pour embraſſer le devant de la fonte
droite des piſtolets où elle ſera attachée.

Du Mors de bride.

Les mors de bride ſeront à canon fermé,
les branches droites avec un touret ſoudé en
dehors pour y paſſer un anneau propre à recevoir les rênes ; les boſſettes ſeront en cuivre argenté ou de métal blanc : elles ſeront
unies, à l'exception de la compagnie des
Gendarmes-Ecoſſois qui conſervera au milieu
une fleur-de-lys couronnée.

Des Houſſes & Chaperons.

La houſſe & les chaperons faits à calotte,
ſeront de drap cramoiſi, bordés d'un galon
en argent large d'un pouce, de même deſſein que celui de l'habit uniforme ; le chiffre
de la compagnie y ſera brodé en argent.

Il ſera employé à la confection de chaque
houſſe & deux chaperons, cinq huitiémes
de drap cramoiſi de quatre quarts de large,
& quatre aunes & demie de galon.

Des Rubans de queue pour le cheval.

Les rubans pour la queue du cheval ſeront
des couleurs de la compagnie, & noués en
roſette ſuivant le modéle.

TITRE II.

De l'habillement, équipement & armement des Officiers supérieurs, Sous-aide-major, Maréchaux-des-logis & Fourriers-majors.

ARTICLE PREMIER.

Du grand Uniforme.

L'HABIT grand uniforme des Officiers sera de drap écarlate, des mêmes forme & proportions, coupe de poches & position de boutons, que celui du Gendarme, les basques seront retroussées & agraffées.

Il sera bordé d'une broderie d'un pouce de largeur en fil d'argent & paillettes, à colonne torse à trois côtés, d'une ligne de large chacune, ornée de palmes à deux pouces l'une de l'autre.

Les tailles seront brodées d'une broderie du même dessein, d'un pouce & demi de large.

Chaque revers sera garni de huit petits boutons, & brodé de sept brandebourgs du même dessin de broderie que le bordé, il sera brodé au-dessous de chaque revers deux autres brandebourgs.

Le parement qui fera bordé d'une broderie d'un pouce de large, fera en outre garni d'une feconde broderie de la largeur d'un pouce & demi ; il fera garni de trois gros boutons.

Les poches & les pattes feront entourées d'une broderie large d'un pouce ; le deffous du bouton des hanches fera brodé en forme d'écuffon de la même broderie couvrant la couture des plis de l'habit.

Les boutons de l'habit & ceux des revers feront de filés d'argent en paillettes.

Vefte.

La vefte fera de drap de couleur chamois, fans pattes de poches, de la même coupe & proportion que celle du Gendarme ; elle fera brodée à la bourgogne, d'une broderie du même deffein que celle de l'habit, liférée de noir ; le bordé fera d'un pouce, & la grande broderie d'un pouce & demi de largeur ; la vefte fera garnie de douze petits boutons en filés d'argent & paillettes.

Culotte.

La culotte fera de couleur chamois, avec les boutons uniformes du Gendarme.

Veut Sa Majefté, que les Officiers ne puiffent faire exécuter & porter le grand uniforme ci-deffus réglé, qu'après qu'Elle en aura plus particulierement déterminé le temps, & qu'en attendant lefdits Officiers ne puiffent porter que les petits uniformes ci-après détaillés.

I I.

Du petit Uniforme.

L'HABIT petit uniforme, fera de drap écarlate; il fera pareil en tout point à celui du grand uniforme, à l'exception qu'il ne fera point brodé fur les tailles : la vefte & la culotte feront les mêmes que celles du grand uniforme, réglées par l'article précédent.

I I I.

Du Surtout.

LE furtout que les Officiers porteront, fera de drap écarlate, croifé par-derriere, & brodé en broderie, conformément au modéle réglé ; il fera fans poches apparentes, & le parement fera en botte ronde fans boutons; le collet du furtout fera de velours cramoifi, arrondi de maniere à pouvoir être boutonné.

Les boutons feront brodés à limace.

Vefte.

La vefte fera de drap chamois, coupée dans les mêmes proportions que celle de l'uniforme; elle fera bordée d'une feule broderie, pareille à celle dudit furtout.

Culotte.

La culotte de drap chamois, garnie de boutons uniformes.

Sa Majesté veut bien permettre aux Officiers de porter pour l'été, en temps de paix, des cols, culottes & gilets blancs ; lesquels devront être uniformes.

I V.

De la Redingote.

LA redingote sera de drap écarlate, bordée d'un dessein de broderie à deux baguettes croisées, à palmes ; le parement en botte ronde, termé en - dessous par trois petits boutons ; les boutons seront uniformes à ceux de l'habit du Gendarme ; ladite redingote sera assez large & assez longue pour être portée sur un habit.

V.

Du Manteau.

LE manteau sera de drap écarlate, parementé de serge chamois, comme celui du Gendarme ; le collet sera bordé d'une broderie pareille à celle du surtout.

V I.

Des menues fournitures. Chapeau.

LE chapeau sera bordé d'un galon à crête, de vingt-six lignes de large, y compris la crête, conforme au modéle réglé; il fera retapé comme celui du Gendarme; le bourdaloue fera d'un galon fans crête, du même deffein que celui du bord.

Le bouton de fil d'argent à limace.

La cocarde de bafin, telle que celle du Gendarme.

Les gants de même que ceux des Gendarmes.

Le col de velours noir.

Les cheveux liés en queue, avec une rofette pareille à celle du Gendarme.

V I I.

De l'habillement des Sous-aides-majors, Maréchaux-des-logis , Fourriers-major.

L'HABIT uniforme des Sous-aides-major & Maréchaux-des-logis , fera le même que celui des Officiers fupérieurs.

Celui des Fourriers-major fera le même que celui des Maréchaux-des-logis, à l'exception qu'il y aura deux brandebourgs brodés fur chaque parement, en place de la double broderie.

La vefte fera la même que celle des Officiers fupérieurs, fi ce n'eft qu'elle fera fimplement bordée de la petite broderie.

La culotte de drap chamois, avec les boutons uniformes.

V I I I.

Des Surtouts.

Le surtout des Sous-aides-major, Maréchaux des-logis & Fourriers-major, sera de drap écarlate, fait, quant à la coupe, comme celui des Officiers supérieurs ; mais au lieu d'être brodé, il sera bordé d'un galon à crête, conforme au modele.

Le collet sera de velours cramoisi, de la même forme que celui du surtout des Officiers supérieurs.

La veste sera de drap chamois, unie & coupée comme celle de l'habit uniforme.

Les boutons du surtout & de sa veste, seront du même modéle que ceux du Gendarme.

La culotte sera de drap chamois.

Les cols, vestes & culottes blancs seront tolérés pour l'été, pendant le temps de paix, & seront uniformes.

I X.

Des Epaulettes.

Les Officiers supérieurs porteront sur l'habit grand uniforme, petit uniforme & surtout, les épaulettes distinctives du grade militaire qu'ils auront par les charges dont ils seront pourvus.

Ces épaulettes seront de treffes d'argent,

brodées

brodées de chaque côté, d'une broderie du même deſſin réduit que celle de l'habit, avec franges & cordelieres.

Le Guidon portera l'épaulette de Lieutenant-colonel.

L'Enſeigne qui n'aura rang de Meſtre-de-camp qu'en vertu d'une commiſſion, ne portera que l'épaulette diſtinctive de Lieutenant-colonel.

Les Aides-major, le Guidon, l'Enſeigne des Ecoſſois & les deux plus anciens Enſeignes du Corps, brévetés Meſtres-de-camp par l'Ordonnance du 23 Janvier 1771, porteront les deux épaulettes diſtinctives du Meſtre-de-camp.

Les Sous-lieutenans & les Capitaines porteront également les deux épaulettes de Meſtre-de-camp.

Les Officiers ſupérieurs qui ſeront pourvus du grade de Brigadier, porteront au milieu de chaque épaulette, une étoile en or.

Le Commandant général, gradué Lieutenant général, portera trois étoiles ſur chacune de ſes épaulettes.

Les Sous-aides-major, Maréchaux-des-logis & Fourriers-major, porteront ſur l'habit uniforme & ſurtout, l'épaulette de Capitaine, comme la marque diſtinctive du grade militaire qu'ils ont dans le Corps, ſans avoir égard aux commiſſions de Lieutenans-colonels ou

de Meſttes-de-camp, qui pourront leur être
expédiées.

Leſdites épaulettes feront brodées comme
celles des Officiers fupérieurs, & ne différe-
ront que par les franges qui feront de filés
d'argent fans cordelieres.

X.

DE L'EQUIPEMENT ET ARMEMENT.

Du Sabre.

LE fabre uniforme des Officiers fera à garde
couverte de quatre branches en acier bronzé,
la coquille pleine & piquetée, la lame de
trente-trois pouces de longueur, pleine & à
dos, de quatre lignes d'épaiſſeur près de la
foie, & de douze lignes de largeur, diminuant juſqu'à la pointe coupée du côté du
tranchant.

De l'Epée.

L'épée fera d'argent, la coquille pleine ;
le tour, ainfi que la branche, feront tra-
vaillés d'un deſſin pareil à la broderie de
l'habit femblable au modéle arrêté.

Du Ceinturon.

Le ceinturon fera conforme à celui du
Gendarme, & bordé d'une broderie en fil
d'argent & paillettes femblables au modéle
réglé.

Il sera garni par-devant d'une plaque en forme de carré long, arrondi, de trois pouces six lignes de longueur sur deux pouces trois lignes de largeur ; elle sera d'argent timbrée des armes du Roi en relief, ornées de palmes de chaque côté, les fleurs-de-lys dorées sur un champ bleu.

Du Cordon de sabre.

Le cordon de sabre & d'épée sera d'argent liséré de soie de la couleur distinctive de chaque compagnie, ayant un seul gland mêlé de franges & de cordelières.

Des Pistolets.

Les pistolets seront de treize pouces de long, les canons de sept pouces & demi, renforcés sur le bout & surdorés, les calibres de six lignes, les guidons en argent, les platines, couvre-platines & les sougardes d'acier uni, mais gravées de trophées ou chiffres des compagnies sur chaque côté des calottes.

Les calottes seront en argent, les ovales seront faites de maniere à pouvoir supporter une gravure ; les bois pour la monture des pistolets seront de noyer avec ornemens, les baguettes de baleines garnies de têtes d'acier.

Des Cuirasses.

Lorsque les Officiers devront avoir des cuirasses, elles seront conformes aux modeles qui seront présentés & agréés.

X I.

DE L'EQUIPAGE DES CHEVAUX DES OFFICIERS.

De la Housse & Chaperons.

L'EQUIPAGE du cheval des Officiers supérieurs, sera composé d'une housse & de deux chaperons à calottes, en velours cramoisi, garni d'un galon à crête du modéle arrêté, de deux pouces & demi de largeur ; les chiffres des compagnies, tels qu'ils sont réglés, seront brodés sur chacun des côtés de la housse & des chaperons.

De la selle.

La selle sera à la royale, de velours cramoisi, bordée d'un galon de soie de même couleur.

De la Bride.

La têtiere de bride à la françoise ; les boucles & les bossettes seront d'argent, conformes au modéle arrêté.

La compagnie Ecossoise aura seule une

fleur-de-lys couronnée fur les boffettes ; celles des autres compagnies feront unies.

Du Filet.

Le filet fera d'argent.

L'Etat-major portera fur fes houffes le chiffre de la compagnie Ecoffoife, & aura les mêmes boffettes.

Les houffes & chaperons des Sous-aides-major, Maréchaux - des - logis, & Fourriers-major, feront de drap cramoifi, & au furplus femblables à ceux des Officiers fupérieurs.

La felle defdits Officiers fera à la royale, de drap cramoifi, bordée d'un galon de foie de même couleur;

Les boucles de la bride & les boffettes feront pareilles à celles des Officiers fupérieurs.

TITRE III.

De l'Habillement, Equipement & Armement des Timbaliers & Trompettes.

Cafaques.

SA MAJESTÉ fera fournir les cafaques du Timbalier & des Trompettes, ainfi que les manteaux, fuivant l'ufage établi à cet égard.

Veste.

La veste sera de drap écarlate, sans poches ; elle sera bordée d'un galon uni en argent, d'un pouce de largeur.

Les casaques & la veste dureront six ans.

La culotte sera de drap écarlate.

Le chapeau bordé d'un galon d'argent large de dix-huit lignes, du même dessin que celui des casaques.

L'épée uniforme, le sabre, le col, la cocarde & les gants seront les mêmes que ceux des Gendarmes.

Les cheveux seront liés en queue, avec une rosette pareille à celle du Gendarme.

Le cordon de sabre en argent & soie de la couleur de la livrée du Roi.

Le ceinturon, à la françoise, de peau blanche, bordé d'un petit galon uni en argent, renfermant dans le milieu un galon livrée du Roi, sera porté sur la veste.

Les bottes seront molles.

La housse & les chaperons à calotte, de drap bleu teint en laine, bordés d'un galon d'argent à feston d'un pouce de large.

La housse du cheval du Timbalier sera de drap bleu, galonné à la bourgogne, le bordé sera d'un pouce & le second galon de deux pouces de largeur.

Les surtouts des Trompettes seront de drap bleu, doublés de serge rouge ; les col-

lets, paremens & pattes des poches bordés
d'un galon en argent large d'un pouce, du
même deſſin que celui des caſaques ; le parement coupé & fermé en botte, les poches
en travers.

Le ſurtout du Timbalier ſera le même que
ceux des Trompettes ; il aura de plus un galon autour de la poche, & ſera bordé ſur le
devant de l'habit & aux baſques de derriere,
du même galon large d'un pouce.

Leſdits ſurtouts des Timbalier & Trompettes, ſeront fournis aux frais du Roi.

TITRE IV.

De la Manutention de l'habillement

ARTICLE PREMIER.

Commiſſaires nommés à l'Habillement.

L'INTENTION de Sa Majeſté étant que l'habillement des dix compagnies de ſa Gendarmerie, continue d'être exécuté, ainſi qu'il a
été preſcrit par ſon Ordounance du 5 Juin
1763 ; Elle veut qu'il ſoit choiſi parmi les
Chefs de brigades, un Capitaine-lieutenant,
un Sous-lieutenant & un Enſeigne, qui ſeront chargés de faire les achats concernant
l'habillement & les menues réparations, &

de les faire parvenir au Corps à l'époque que le Commandant général aura fixée.

II.

LORSQU'UN des Chefs de brigade, chargé des soins de l'habillement, quittera son emploi, ou paſſera à un autre grade, le Commandant général aſſemblera chez lui les Officiers ſupérieurs du grade égal à celui de l'Officier ci-deſſus déſigné, pour faire entr'eux à la pluralité des voix, l'élection de celui qui devra remplacer le Chef de brigade quittant ou paſſant à un autre emploi : Sa Majeſté veut & entend néanmoins que l'Officier élu n'entre en fonctions relatives audit habillement, qu'autant que celui qui en étoit précédemment chargé, aura fini & rendu les comptes de ſon adminiſtration.

III.

Maſſe retenue pour l'habillement.

Il ſera fait en tout temps, ſous le titré de *Maſſe de l'habillement*, une retenue de trois ſous par jour ſur chaque Brigadier, Sous-brigadier, Porte-étendard, Fourrier, Appointé & Gendarme, dont le fonds ſera deſtiné à l'habillement des dix compagnies : cette Maſſe demeurera entre les mains du Tréſorier général de l'ordinaire des guerres, qui ne la délivrera aux Chefs de brigade chargés des ſoins de l'habillement, que ſur l'ordre signé par le Commandant général Inspecteur.

I V.

Objets de dépense affectés sur la Masse.

Veut Sa Majesté, que sur le produit de ladite Masse, il ne soit acquitté que les dépenses relatives à la confection :

De l'habit uniforme & de sa veste,
Du surtout & de sa veste,
Des épaulettes,
Des bandoulieres,
Et des housses & chaperons.

Objets affectés sur les émolumens des Brigades.

Les émolumens des brigades seront affectés à la dépense de la fourniture & entretien: Des chapeaux & des bords, cocardes, cols, gants, cordons de sabres, bottes fortes, selles & brides, ceinturons & plaques, sabres, mousquetons, pistolets & manteaux.

Porte-manteau fourni par le Gendarme.

Chacun des Brigadiers, Sous-brigadiers, Porte-étendards, Fourriers, Appointés, Gendarmes, Timbalier & Trompettes, sera tenu de le fournir & d'entretenir son porte-manteau uniforme, lequel lui appartiendra,

& dont il pourra difpofer lorfqu'il quittera l'emploi qu'il occupera dans le Corps.

V.

Durée des effets uniformes.

L'HABIT & la vefte uniformes, dureront au moins l'efpace de fix ans, au moyen des deux furtouts & veftes qui feronr délivrés pour le même efpace de temps; & fi à la fin du terme de la durée prefcrite, il fe trouve en bon état, Sa Majefté autorife le Commandant général à faire prolonger la durée dudit habillement grand uniforme, en faifant délivrer un furtout de plus pour faciliter ladite prolongation.

Les furtout & vefte feront portés concurremment avec le grand uniforme, & remplacés tous les trois ans.

Le manteau durera au moins huit ans.

La bandouliere, quatre ans.

Les chapeaux, cocardes & cols de velours, feront remplacés tous les ans.

Les gants dureront deux ans.

Les bottes, cinq ans en temps de paix, & elles feront remplacées en temps de guerre autant que le befoin l'exigera.

Le fabre durera douze ans.

Le cordon de fabre fera remplacé tous les deux ans.

Le ceinturon fera le fervice de fix ans, & le galon fera renouvelé tous les trois ans.

Les mousquetons & pistolets, seront remplacés à mesure qu'ils seront reconnus hors de service.

La selle d'armes durera quinze ans.

La housse & les chaperons, six ans en temps de paix; & en temps de guerre, ils seront remplacés lorsqu'ils seront hors de service.

V I.

Achat de l'habillement.

Les Chefs de brigades, chargés de l'achat de l'habillement, seront tenus de justifier au Commandant général, de l'emploi des billets de Masse dont il aura donné la main-levée; & il vérifiera si l'emploi des fonds est conforme à la somme délivrée, à l'effet d'en rendre compte à Sa Majesté.

V I I.

Réparations réglées par le Commandant général.

Le Commandant général Inspecteur, déterminera à sa revue tous les objets de réparations concernant l'habillement, l'équipement & l'armement; il en fera remettre l'état aux Chefs de brigades chargés des approvisionnemens, & fixera l'époque à laquelle lesdits objets devront être rendus au Corps.

Le Commandant général sera particuliérement chargé de l'exécution des objets de l'ha-

billement, & pour d'autant plus aſſurer l'uniformité entiere dans toutes les parties, il
commettra en ſon abſence un Officier-major,
ſous l'autorité du Commandant du Corps,
ſur les lieux, pour qu'il tienne la main à ce
que tout ſoit exécuté conformément aux
modéles arrêtés.

V I I I.

Marchandiſes envoyées, reçues par le Commandant général.

Les fournitures néceſſaires à la confection
des parties dont le Commandant général aura
jugé, lors de la revue d'inſpection, le remplacement néceſſaire, feront envoyées au
Corps & rendues aux époques qu'il aura
déſignées; elles feront dépoſées dans un magaſin qui ſera établi à cet effet, dont les
Commiſſaires chargés de l'habillement donne-
ront le ſoin à un Officier; les fournitures ne
pourront être reçues que par le Commandant général, ou en ſon abſence par celui
qu'il aura commis à cet effet, & elles ne
feront agréées qu'autant qu'elles ſe trouveront
conformes en tout point aux échantillons &
aux modéles arrêtés.

Si leſdites fournitures n'arrivoient pas au
Corps aux époques indiquées par le Commandant général, le Commandant du Corps en
rendra compte; & dans ce cas Sa Majeſté
autoriſe le Commandant général à prendre

les moyens les plus prompts pour assurer la confection de l'habillement au terme fixé; le surcroît de dépense & les faux-frais que le retardement de l'arrivée des fournitures occasionneroit, ne seront plus au compte de la Masse, mais retenus sur les émolumens des brigades.

I X.

Passeports seront demandés par le Commandant général.

Les Chefs de brigades, chargés de l'achat de l'habillement, se feront remettre d'avance, par les fournisseurs avec lesquels ils auront traité, l'état des passeports qu'ils prévoiront nécessaires pour l'affranchissement des droits dont les effets de l'habillement pourroient être susceptibles dans la route qu'il devront parcourir, ils remettront ledit état au Commandant général Inspecteur, qui en demandera aussitôt l'expédition pour que rien ne puisse retarder l'arrivée desdits effets; ledit état sera arrêté & signé par lesdits Chefs de brigades, & visé par le Commandant-Inspecteur.

X.

Officier chargé du magasin.

L'Officier chargé du soin du magasin des fournitures, le sera également de toutes les dépenses relatives à l'exécution des objets de l'habillement, équipement & armement.

Comptes à rendre.

Il tiendra un journal de ses dépenses, & rendra ses comptes aux Chefs de brigades chargés de l'achat des fournitures, dans le courant des mois de Juillet & Août de chaque année ; lefdits comptes contiendront l'entrée des fournitures de toute efpéce qui auront été confiées à fes foins, & la fortie de celles qu'il aura délivrées aux ouvriers, pour être les différentes parties de l'habillement façonnées : il fera recette des effets de l'habillement que les ouvriers rapporteront façonnés audit magafin, & dépenfe de ceux qu'il aura fait délivrer à chaque brigade ; il établira la recette de l'argent qui lui aura été remis, & la dépenfe de celui qu'il aura payé pour les façons & faux-frais de la confection de l'habillement : après que lefdits comptes auront été examinés par lefdits Chefs de brigade, ils feront par eux remis au Commandant général Infpecteur, à l'effet de juftifier de l'emploi du montant des billets de Maffe qui leur auront été délivrés.

X I.

Obligation d'acheter dans les Fabriques.

POUR affurer davantage l'uniformité, les Chefs de brigades, chargés de l'achat des différentes fournitures de l'habillement, traiteront directement avec les fabricans, & avec un seul pour chaque objet de même espéce ; toutes les marchandises seront voiturées au Corps, & conduites en droiture des lieux où elles auront été fabriquées, à l'exception du drap écarlate qui, devant être teint à Paris, sera forcément obligé de passer par ladite ville.

X I I.

Modéles déposés à l'Etat-major.

Il sera remis par le Commandant général, & déposé à l'Etat major du Corps, un modéle des différens objets façonnés de l'habillement, équipement & armement que Sa Majesté aura arrêté, & lesdits modéles seront cachetés du cachet du Corps.

X I I I.

Echantillons de marchandises déposés à l'Etat-major.

Il sera remis de même au magasin du Corps, des échantillons cachetés, ainsi qu'il est prescrit à l'article précédent, de l'espéce & nature des marchandises dont il devra être fait emplette pour l'habillement, afin que le Commandant général Inspecteur, ou l'Officier qu'il aura commis à l'examen & réception desdites marchandises en son absence, puisse vérifier à leur arrivée, si elles sont conformes à la qualité, espéce & couleur desdits échantillons ; tout ce qui ne sera pas reconnu pareil, sera renvoyé auxdits fournisseurs, à leurs frais, lesquels seront tenus par leur marché, d'en faire le remplacement : Et dans le cas où de la part desdits fournisseurs, il seroit trop long-temps différé, le Commandant général ordonnera les moyens qu'il jugera les plus convenables pour y pourvoir, à l'effet d'achever la confection de l'habillement pour le temps marqué.

X. I V.

Travail de l'habillement.

Lorsqu'il aura été ordonné de faire travailler à l'habillement, l'Officier chargé du magasin remettra à celui qui fera chargé de veiller à l'exécution des effets dudit habillement, la quantité d'étoffes & de fournitures de chaque espéce, réglées par les dispositions du titre premier du présent réglement ; & l'Officier, qui les aura reçues, sera tenu de remettre au magasin du Corps la même quantité d'effets façonnés, que les marchandises délivrées en auront dû rendre.

X V.

Prix des façons.

L'Officier chargé du magasin, payera la façon de tous les effets d'habillemens façonnés qui lui auront été livrés par l'Officier chargé de veiller & de suivre leur exécution,

cution, conformément aux prix ci-après réglés.

S A V O I R ;

	livres.	f.
Pour la façon de l'habit grand uniforme,	4	16
De sa veste,	1	4
Du surtout,	3	
De sa veste,	1	4
Du manteau,	1	4
De la housse & des chaperons;	2	

X V I.

Distribution de l'habillement.

LORSQUE les différens effets façonnés
auront été remis à l'Officier chargé du magasin du Corps, il ne pourra s'en défaisir
ou les délivrer aux détailleurs des brigades,
que sur l'ordre du Commandant général.

X V I I.

Effets uniformes resteront au Corps.

LES Gendarmes ne pourront emporter leurs habits & vestes uniformes lorfqu'ils iront en congé de semestre, ou qu'ils
s'absenteront du Corps par permission; les
détailleurs auront attention de les retirer, &
de ne leur laisser emporter que les surtouts,
vestes & chapeaux.

M

X V I I I.

Défense de porter l'uniforme.

DÉFEND Sa Majesté à tout Gendarme qui ne sera pas décoré de la croix de Saint-Louis, ou qui n'aura pas obtenu une pension de retraite en quittant le service du Corps, d'en porter l'uniforme, à peine d'être punis d'un an de prison.

X I X.

Gendarme en congé, portera le surtout.

DÉFEND pareillement Sa Majesté à tout Gendarme qui ira en congé de semestre, de porter d'autres habits écarlates que ceux qui seront conformes à l'habit ou au surtout prescrit par le présent réglement.

Le sieur Marquis de Castries, Commandant général & Inspecteur, de la Gendarmerie, les Capitaines-lieutenans des compagnies dudit Corps, & les Commissaires des guerres à la conduite & police, tiendront la main à l'exécution du présent réglement; lequel Sa Majesté, veut être lu & publié à la tête de la Gendarmerie à ce qu'aucun n'en prétende cause d'ignorance.

FAIT à Versailles le dix-huit Février mil sept cent soixante-douze.

Signé, LOUIS.

Et plus bas MONTEYNARD.

ORDONNANCE DU ROI,

*Concernant quelques grades & traite-
mens des Compagnies d'Ordonnance
de la Gendarmerie.*

Du 17 Avril 1772.

DE PAR LE ROI.

SA MAJESTÉ jugeant convenable au
bien de fon fervice de réduire le nombre des Maréchaux - des - logis qui exiftent
dans les compagnies d'Ordonnance de la
Gendarmerie, & d'expliquer fes intentions
fur l'autorité qui doit être attribuée à quelques-uns des grades inférieurs de ce Corps,
a ordonné & ordonne ce qui fuit :

ARTICLE PREMIER.

IL fera fupprimé deux Maréchaux - des -
logis dans chacune des dix compagnies d'Ordonnance de la Gendarmerie, ce qui réduira
le nombre defdits Maréchaux - des - logis à
celui de quatre par compagnie, non compris celui qui eft particuliérement chargé du
détail de l'hôpital, qui fera confervé : Voulant Sa Majefté que cette réduction ne s'o-

pére que fuccefïivement, & lorfque les places excédantes deviendront vacantes.

I I.

L A réduction étant exécutée, le plus ancien & le dernier des Maréchaux-des-logis d'une compagnie, feront attachés à la premiere brigade, le fecond à la feconde, & le troifiéme à la troifiéme brigade ; & lorfqu'il y aura une place de Maréchal-des-logis vacante dans la deuxiéme ou la troifiéme brigade, ce quatriéme Maréchal-des-logis en remplira provifoirement les fonctions, pour paffer enfuite à la troifiéme, le nouveau pourvu devant être placé en fecond à la premiere brigade.

I I I.

MAIS Sa Majefté ne voulant point que cette réduction nuife à l'avancement des Brigadiers qui font établis dans les compagnies, fon intention eft que le grade de Capitaine foit accordé à l'avenir aux deux plus anciens Brigadiers de chacune defdites compagnies, & qu'ils jouiffent de tous les avantages qui font attachés à ce grade, ainfi que pour leur retraite : Entend au furplus Sa Majefté que l'ancienneté defdits Brigadiers, fôit conftatée par un certificat du Commandant général Infpecteur de ce Corps.

I V.

ET comme la police dans laquelle les Gendarmes doivent être tenus, exige d'être suivie dans tous les lieux où ils se trouvent, & principalement à Paris ; Sa Majesté a créé par la présente Ordonnance une place de Brigadier : celui qui en sera pourvu résidera dans cette ville, & sera chargé du maintien de l'ordre parmi les Gendarmes pendant qu'ils y séjourneront ; ledit Brigadier sera tenu de rendre compte au Commandant général de tout ce qui sera relatif à ladite police, & en son absence au Commandant en second, s'il se trouve dans cette ville ; au défaut de ces Commandans, le compte sera rendu au Capitaine-lieutenant de la plus ancienne compagnie qui y résidera alors.

V.

LA suppression de deux Maréchaux-des-logis par compagnie donnant lieu à une diminution de dépense ; Sa Majesté entend que les fonds qui résulteront de cette diminution soient employés, à dater du jour que la réduction s'opérera dans chaque compagnie, en supplément de solde, dont la répartition sera faite, ainsi qu'il suit :

	Supplément de Solde.	Solde attribuée par l'Ordon. du 5 Juin 1763.	Totaux.
	liv.	liv.	liv.
A chacun des quarante Maréchaux-des-logis, 170 liv. par an, ci	170	1230	1400
A chacun des deux plus anciens Brigadiers de chaque compagnie, 202 liv. par an, ci.	202	648	850
A chacun des quarante Brigadiers ou Sous-brigadiers restans, 102 liv. par an, ci.	102	648	750
A chacun des trente Fourriers, 120 liv. par an, ci.	120	480	600
A chacun des dix Porte-étendards, 60 liv. par an, ci.	60	540	600
A chacun des cent vingt Gendarmes-appointés, 22 liv. par an, ci.	22	378	400
Au Brigadier résidant à Paris, tant pour solde que pour les frais que son séjour dans cette ville lui occasionnera, 1200 liv. par an, ci.			1200
Au quarante-unième Maréchal-des-logis, chargé de l'Hôpital, 200 liv. par an, ci.	200	600	800

V I.

VEUT Sa Majesté qu'au moyen du supplément de solde qui est réglé aux Brigadiers, Sous-brigadiers & Fourriers, ils cessent de jouir, du jour qu'ils obtiendront ledit supplément, des pensions & gratifications annuelles du Corps, accordées aux Gendarmes, qui ne sont pas la récompense d'actions à la guerre, ou qui ne proviendroient pas des services de leurs parens; ainsi lorsqu'un Gendarme parviendra à l'avenir au grade de Fourrier, il cessera de jouir desdites pensions & gratifications, s'il en avoit.

V I I.

INDÉPENDAMMENT du supplément de solde attribué par la présente Ordonnance aux Maréchaux-des-logis, il sera accordé à chacun d'eux, une somme de deux cents livres par an, de laquelle il sera fait une Masse qui sera destinée à leur procurer les moyens de se monter convenablement; il sera également établi une Masse de trois cents livres, aussi par an, pour le même objet, en faveur de chacun des Sous-aides-major & Fourriers-major de ce Corps; la premiere de ces Masses sera conservée trois années dans la Caisse, & la seconde deux années, pour pourvoir aux remplacemens de leurs chevaux, après lequel temps le surplus du montant desdites

Maſſes, leur ſera délivré : dans le cas de retraite ou de mort, le décompte leur ſera fait de ladite Maſſe, ou à leurs héritiers.

VIII.

Les Sous-aides-major ayant obtenu précédemment le rang de premiers Maréchaux-des-logis, l'intention de Sa Majeſté eſt qu'ils aient le commandement ſur leſdits Maréchaux-des-logis.

IX.

Veut auſſi Sa Majeſté que les deux places de Fourriers-majors auxquels Elle a donné le rang de derniers Maréchaux - des - logis, commandent ſans difficulté tous les Brigadiers, Sous-brigadiers, Fourriers & Porte-étendards, quand même les Brigadiers ſeroient pourvus du grade de Capitaine.

X.

Les Fourriers étant chargés de pluſieurs détails dont l'exécution exige de l'autorité, auront à l'avenir le rang de Sous-brigadiers, ils commanderont les Porte-étendards, Gendarmes-appointés & Gendarmes, & ſeront ſubordonnés aux Fourriers-majors ; ils ſeront reçus à la tête de la compagnie par le Capitaine-lieutenant, & en ſon abſence, par l'Officier qui la commandera.

X I.

LE Porte-étendard continuera d'être le premier Gendarme de la compagnie, il aura le rang de Sous-brigadier, il sera attaché à la premiere brigade, & commandé par le Fourrier; dérogeant à cet égard, Sa Majesté, à l'article XVI de l'Ordonnance du 5 Juin 1763.

X I I.

LE choix des Brigadiers & Sous-brigadiers continuera d'être fait de la maniere qui est prescrite par l'article XIX de ladite Ordonnance du 5 Juin 1763, à la réserve du Fourrier qui passera à l'élection avant le Porte-étendard.

X I I I.

LORSQU'IL vaquera une place de Fourrier dans une compagnie, le Commandant général, & en son absence, le Commandant du Corps, d'après les ordres dudit Commandant général, fera assembler chez le premier Sous-aide-major, les deux plus anciens Maréchaux-des-logis, les deux plus anciens Brigadiers ou Sous-brigadiers, ainsi que les Fourriers de la compagnie, pour choisir entre le Porte-étendard & les Appointés de la compagnie, trois sujets qu'ils présenteront au Capitaine-lieutenant, lequel, conformément à l'article IV du Réglement provisionnel du 25 Juin 1770, en rendra compte au Commandant général, à l'effet de fixer le choix qui devra être fait du fujet qui paroîtra mériter la préférence.

X I V.

Veut Sa Majefté que fans rien changer à l'article II de l'Ordonnance du 18 Juin 1770, fur ce qui concerne les places d'Appointés, lefquelles continueront d'être données aux plus anciens Gendarmes de chaque compagnie, lefdits Appointés foient reçus à la tête de la compagnie par le Capitaine-lieutenant, pour y être reconnus; ils auront le commandement fur les Gendarmes.

X V.

Les Fourriers qui par l'Ordonnance du 18 Juin 1770, ont obtenu le rang de Lieutenant de Cavalerie, auront la retraite de Lieutenant de Cavalerie, telle qu'elle a été réglée précédemment pour les Brigadiers & Sous-brigadiers.

X V I.

Les Gendarmes qui n'auront vingt ans de fervice qu'au moyen de ceux qu'ils auront rendus antérieurement dans d'autres Corps, & qui ne pourront plus les continuer, feront admis à fe retirer chez eux avec la moitié de leur paye.

Dérogeant Sa Majefté à l'Ordonnance du

5 Juin 1763, & à celles rendues depuis, en ce qu'elles pourroient avoir de contraire à la préfente.

MANDE & ordonne Sa Majefté au fieur Marquis de Caftries, Commandant général & Infpecteur de la Gendarmerie, en qualité de Capitaine-lieutenant des Gén-darmes Ecoffois ; & aux autres Capitaines-lieutenans des compagnies d'Ordonnance, de tenir la main à l'exécution de la préfente Ordonnance laquelle Sa Majefté veut être lue & publiée à la tête de la Gendarme-rie, à ce qu'aucun n'en prétende caufe d'i-gnorance.

FAIT à Verfailles le dix-fept Avril mil fept cent foixante-douze.

Signé LOUIS.

Et plus bas, MONTEYNARD.

S A MAJESTÉ ayant décidé que l'autorité attachée aux grades supérieurs de
la Gendarmerie, seroit toujours en activité
& reconnue telle, quand même ces grades
ne se trouveroient pas commandés pour les
différens services qui leur sont prescrits : on
va indiquer l'ordre dans lequel leur autorité
devra s'exercer, lorsqu'il se trouvera en même
temps au Corps plusieurs Officiers du même
grade.

ARTICLE PREMIER.

SOIT qu'un Capitaine-lieutenant arrive à
la Gendarmerie, avant ou après son service
ordinaire, il n'en prendra pas moins le commandement de la totalité du Corps. Si le
Capitaine des Ecossois ou celui des Anglois,
Commandant général ou en second ne s'y
trouvent pas.

I I.

SI l'un de ces deux derniers Capitaines s'y
remontroit, les autres Capitaines-lieutenants
se borneront alors à recevoir les comptes de
leur compagnies, par les Officiers supérieurs
ou inférieurs de leur troupe qui se trouveront au Corps, & à les rendre au Capitaine
commandant la Gendarmerie ; dans ce cas-là,

le Sous-lieutenant de service n'aura plus d'autres comptes à recevoir & à rendre, que des
autres compagnies.

I I I.

Si au lieu d'un Capitaine de Gendarmerie, il s'en trouvoit deux ou davantage au
Corps dans l'absence des Capitaines Ecossois
ou Anglois, la reddition générale des comptes appartiendra à celui de la plus ancienne
compagnie; lesquels comptes lui parviendront
savoir, par le second & autres Capitaines qui
y seront, pour ce qui concerne leur troupe,
& par le Sous-lieutenant de service pour les
autres.

I V.

Si un Capitaine se trouvant au Corps, il
s'y rencontroit en même-temps deux Sous-
lieutenans ou plus, celui de la plus ancienne
compagnie, s'il n'étoit pas de service, seroit
borné au détail de sa troupe, vis-à-vis du
Commandant du Corps, & le Sous-lieutenant de mois conserveroit alors seulement
le détail des autres troupes qui ne se trouveroient commandées que par des Officiers
de grade inférieur à lui.

V.

CET ordre sera également suivi, pour ce

qui concerne les Enseignes & les Gendarmes lorsque lesdits grades se touveront doubles.

V I.

Le rang de Major & des Aides-major étant réglé par les Ordonnances de Sa Majesté, ils prendront en conséquence le commandement du Corps sur ceux qui leur sont subordonnés, & ils ne le feront dans leur détail qu'au Capitaine des Ecossois, Commandant général & au Capitaine des Anglois, Commandant en second, en l'absence du premier comme en sa présence, ou au Commandant du Corps, s'il est Capitaine ou Sous-lieutenant.

Nota. Dans la supposition qui vient d'être faite, le Sous-lieutenant qui ne seroit pas de mois, & qui se trouveroit d'une plus ancienne compagnie que celui de service, recevroit les détails des Officiers inférieurs de la Compagnie, qui, alors n'en auroient plus à rendre aux Officiers de mois, & il commanderoit sans doute le Corps, s'il ne s'y trouvoit pas de Capitaine.

ORDONNANCE DU ROI,

Pour régler les Fourrages des deux nouveaux Aides-major établis dans le Corps de la Gendarmerie.

Par Ordonnance du premier Novembre 1770.

DE PAR LE ROI.

SA MAJESTÉ ayant cru nécessaire au bien de son service, d'établir par son Ordonnance du premier Novembre 1770, deux charges d'Aide-major d'augmentation dans le Corps de sa Gendarmerie; & son intention ayant été qu'ils jouissent du jour de leurs Brevets, d'une ration de fourages sur le même pied & de la même maniere que les deux premiers; Elle mande & ordonne aux Trésoriers généraux des troupes de sa maison de s'y conformer dans les états de décharges qui s'expédient chaque année de leurs exercices pour la subsistance dudit Corps; car telle est sa volonté.

FAIT à Versailles le treize Mars mil sept cent soixante-treize.

Signé, LOUIS.

Et plus bas, MONTEYNARD.

ORDONNANCE DU ROI,

*Concernant le temps du service &
des congés des Sous-aides-major,
Maréchaux-des-logis, Fourriers-
major, Brigadiers, Sous-brigadiers,
Fourriers, Porte-étendards & Gendarmes du Corps de la Gendarmerie.*

Du 25 Juillet 1773.

DE PAR LE ROI.

SA MAJESTÉ ayant réglé par son Ordonnance du 17 Juin 1770, le service
auquel seroient tenus les Sous-lieutenans,
Enseignes & Guidons du Corps de la Gendarmerie : Et voulant expliquer ses intentions
sur celui des Sous-aides-major, Maréchaux-
des-logis, Fourriers-major, Brigadiers, Sous-
brigadiers, Fourriers, Porte-étendards & Gendarmes de ce Corps ; ainsi que sur le nombre
& le temps des congés qu'ils pourront obtenir à l'avenir, a ordonné & ordonne ce qui
suit :

ARTICLE PREMIER.

LES Sous-aides-major & Fourriers-major,
ne

ne pourront s'abſenter qu'en vertu de per-
miſſions particulieres qui ſeront demandées au
Commandant général & Inſpecteur du Corps,
par le Commandant en ſecond, & ſur les
mémoires du Major ; ou en ſon abſence,
du plus ancien Aide-major.

I I.

Il ne pourra jamais être accordé de congés à plus de deux Maréchaux-des-logis,
trois Brigadiers , Sous-brigadiers ou Porte-
étendard par compagnie ; & ledit Porte-étendard roulera à cet effet avec leſdits Brigadiers & Sous-brigadiers, pour participer auxdits congés ; l'intention de Sa Majeſté étant
qu'il reſte toujours à chaque compagnie deux
Maréchaux-des-logis & quatre Brigadiers ,
Sous-brigadiers ou Porte-étendard.

A l'égard des Fourriers, leſdits congés ne
leur ſeront accordés que dans des cas indiſ-
penſables, dont il ſera rendu compte au Commandant général du Corps ; & pour que
le ſervice ne ſouffre point de leur abſence,
ils ſeront alors remplacés dans leurs fonctions
par des Gendarmes-appointés , qui ſeront
choiſis par les Commandans des compagnies.

I I I.

Sa Majesté, conformément à ce qu'Elle
a réglé par l'article II du titre V de l'Ordon-

nance du premier Août 1767 , concernant l'établiſſement de la Gendarmerie à Lunéville, veut bien permettre que la moitié des Gendarmes de chaque brigade , puiſſent s'abſenter pendant les mois d'Octobre , Novembre, Décembre , Janvier , Février & Mars : en obſervant cependant de comprendre dans ladite moitié qui devra s'abſenter , ceux qui feroient abſens ou qui manqueroient au complet ; de façon qu'il y ait toujours préſens au Corps , pendant l'hiver , deux Appointés & quatorze Gendarmes par brigade , ce qui fait ſix appointés & quarante-deux Gendarmes par compagnie , ſans que , ſous aucun prétexte , cet ordre puiſſe être jamais interverti.

I V.

CHACUN des Commandans des dix Compagnies d'ordonnance de la Gendarmerie , arrêtera , au mois de Septembre de chaque année , l'état des Appointés & Gendarmes deſdites compagnies , qui devront profiter des congés de ſemeſtre ; lequel état ſera ſigné dudit Commandant , & approuvé par le Commandant général , il ſera remis au Commandant du Corps , pour qu'il ſoit mis à exécution à l'époque indiquée ; & il en ſera remis également un double à l'Etat-major , afin qu'il puiſſe prendre connoiſſance , tant de l'exécution de l'ordre qui doit être suivi, en accordant succeſſivement des congés à ceux des Appointés & Gendarmes qui n'en auront point eu l'année précédente, que de l'exactitude de ceux qui rejoignent au jour indiqué, ou de ceux qui négligent l'exécution de l'ordre preſcrit à cet égard.

V.

Pour donner aux Gendarmes une plus grande facilité de vaquer à leurs affaires, Sa Majeſté veut bien permettre que lorſque leſdits congés de ſemeſtre ſeront réglés, un Gendarme qui devra en jouir, puiſſe non-ſeulement le céder en entier à un autre Gendarme, mais même le partager ; bien entendu que ceux qui l'auront partagé, ne s'abſenteront que l'un après l'autre, en ſorte que le Corps pendant la premiere partie du ſemeſtre, ne puiſſe en partir qu'après le retour de l'autre : ce qui ſera marqué ſur l'état qui doit être arrêté deſdits congés de ſemeſtre.

V I.

L'INTENTION de Sa Majeſté eſt, que les Gendarmes qui n'auront pas un an de ſervice au Corps, ou qui ne ſeront pas aſſez inſtruits pour pouvoir entrer dans l'eſcadron, ne puiſ-ſent participer auxdits congés,

VII.

DÉFEND Sa Majefté d'expédier d'autres congés ou prolongation de congés après que l'état defdits congés de femeftre aura été arrêté, que ceux réglés par la préfente Ordonnance, fans en avoir informé & en avoir obtenu l'ordre du Commandant général du Corps, qui jugera des circonftances particulieres où fe trouveront ceux qui les demanderont; Sa Majefté veut cependant bien autorifer le Commandant du Corps fur les lieux, à accorder des permiffions provifionnelles de s'abfenter pendant un mois feulement aux Appointés ou Gendarmes qui fe trouveroient dans des cas extraordinaires, fur la demande qu'en fera le Commandant de la Compagnie defdits Appointés ou Gendarmes; mais lefdits congés ou permiffions de s'abfenter ne pourront jamais être accordés que fans appointemens, & le Commandant du Corps fera tenu d'en prévenir fur le champ le Commandant général, pour les autorifer, s'il le juge à propos, ou faire rejoindre ceux qui les auroient obtenus fans motifs fuffifans.

VIII.

VEUT Sa Majefté, que ceux qui n'auront pas rejoint à l'expiration de leurs congés, foient mis en prifon pour autant de jours qu'ils auront outre-paffé lefdits congés , & privés de leurs appointemens pendant tout le temps de leur abfence ; Elle veut de plus qu'ils foient privés du premier congé de femeftre qu'ils feroient dans le cas d'obtenir à leur tour.

Les fommes provenantes des retenues faites des appointemens de ceux qui ne rejoindront pas à l'expiration defdits congés , feront mifes en maffe, & il en fera rendu compte lors de la revue d'infpection, pour en être difpofé ainfi que Sa Majefté l'ordonnera.

I X.

Il fera formé le 10 du mois d'Avril de chaque année , par les ordres du Commandant du Corps de la Gendarmerie , un état des Gendarmes , qui ayant obtenu des congés de femeftre , n'auront pas rejoint, en diftinguant ceux dont on n'aura point eu de nouvelles & ceux qui par caufe de maladie bien prouvée, ou des raifons valables, fe feront trouvés dans l'impoffibilité de rejoindre ; ledit état fera adreffé au Commandant général , afin qu'il puiffe donner des ordres à ceux defdits Gendarmes qu'il jugera dans le cas de devoir rejoindre , Sa Majefté voulant que ceux qui n'exécuteront pas ces ordres fur le champ, foient arrêtés , mis en prifon pour un an & rayés du contrôle, conformément à ce qui a été ordonné précédemment à cet égard.

X.

Les Gendarmes qui fe trouveront dans l'impoffibilité de rejoindre à l'expiration de leurs congés de femeftre, pour caufe de maladie, feront tenus d'adreffer d'avance au Commandant de la compagnie dont ils feront, un certificat en bonne forme d'un Médecin, lequel devra être légalifé par le Juge du lieu; & fi cette maladie continue, ils devront adreffer tous les mois un nouveau certificat dans la forme prefcrite ci-deffus, au défaut duquel ils feront privés de leurs appointemens pendant tout le temps de leur abfence; & fi par la fuite on s'apercevoit que lefdits certificats ont été donnés induement, Sa Majefté veut que les Gendarmes qui les auront adreffés foient privés de leurs appointemens, comme il eft dit ci-deffus, & fubiffent de plus la punition qui fera ordonnée par le Commandant général du Corps.

X I.

S'il arrivoit que quelques Gendarmes fuffent pourvus d'emplois dans d'autres Corps, pendant le cours de leurs congés de femeftre, ils feront part aux Commandans de leur compagnie, des lettres d'avis qu'ils auront reçues

à ce sujet des Commandans desdits Corps ;
& dans ce cas Sa Majesté veut bien autoriser le Commandant général à faire expédier auxdits Gendarmes des congés de retraite , afin qu'il n'y ait point d'interruption
dans leurs services, & que ceux qu'ils auront rendus dans le Corps de la Gendarmerie leur soient comptés dans ceux où ils entreront ; le dispensant de suivre dans cette occasion les Ordonnances qui prescrivent que
lesdits congés de retraite ne pourront être
expédiés qu'à l'époque de la revue d'inspection.

X I I.

Les appointemens des Gendarmes qui obtiendront des congés de retraite ou qui seront rayés du contrôle pendant leur congé de
semestre, seront attribués aux Chefs de brigades dans lesquelles serviront lesdits Gendarmes ; à l'égard de ceux qui viendront à
mourir, pendant ledit temps , leur décompte
sera fait , & l'argent qui en proviendra sera
remis à leurs héritiers, qui seront tenus d'en
justifier par des extraits mortuaires & autres
pièces nécessaires à cet effet.

X I I I.

Avant le départ des Gendarmes qui auront obtenu des congés de semestre , il sera
dressé un état de ceux qui se proposeront de

paſſer le temps deſdits congés à Paris, il devra leur être donné une permiſſion par écrit par le Commandant général du Corps ; & lors de leur arrivée dans ladite ville de Paris, ils feront tenus de ſe préſenter ſur le champ, chez ledit Commandant général pour l'informer du lieu où ils comptent demeurer, ils ſe préſenteront enſuite au Brigadier de Police, créé par l'Ordonnance du 17 Avril 1772, tant pour lui préſenter la permiſſion par écrit qu'ils auront obtenue, qu'il certifiera au bas lui avoir été préſentée que pour lui indiquer leur domicile, afin que ledit Brigadier puiſſe rendre compte de leur conduite au Commandant général du Corps.

S'il arrivoit que quelques Gendarmes ſe rendiſſent à Paris, ſans permiſſion & ſans exécuter ce qui eſt preſcrit ci-deſſus, Sa Majeſté ordonne qu'ils ſoient arrêtés ſur le champ, mis en priſon pendant tout le temps de leur congé & punis même plus rigoureuſement ſuivant l'exigence des cas.

X I V.

Tout Gendarme qui, par des affaires particulieres, ſe trouveroit dans la néceſſité de venir à Paris, ou d'y paſſer, ſera tenu comme il eſt expliqué par l'article précédent, de ſe préſenter en arrivant chez le Commandant général pour lui, rendre compte du motif qu'il a eu de s'y rendre, du temps qu'il doit y paſſer & du lieu qu'il a choiſi pour ſon domicile, afin d'obtenir une permiſſion par écrit dudit Commandant général, s'il juge convenable de l'accorder ; il devra auſſi ſe préſenter au Brigadier chargé de la Police des Gendarmes à Paris, pour qu'il juſtifie au bas de ladite permiſſion, qu'elle lui a été préſentée ; le Gendarme qui auroit négligé l'exécution de ce qui eſt preſcrit à cet égard, ſe trouveroit dans le cas de la punition prononcée par l'article précédent.

X V.

Les Gendarmes qui s'abſenteront par congé, ne pourront emporter avec eux que le ſurtout, la veſte & le chapeau uniformes, conformément à ce qui eſt preſcrit par l'article XVII du titre IV du Réglement du 18 Février 1772, concernant l'habillement de la Gendarmerie ; Sa Majeſté leur défendant très-expreſſément de faire aucun changement auxdits effets de l'habillement qu'ils emporteront : voulant qu'à leur retour la viſite en ſoit faite en préſence du détailleur de la compagnie, pour que le remplacement de ceux deſdits effets qui auroient été changés, ſoit fait ſur le champ aux dépens des Gendarmes qui ſeroient contrevenus à ce qui eſt preſcrit à cet égard, indépendamment de la punition qui leur ſera infligée par le Commandant de la compagnie s'il le juge à propos.

X V I.

SA MAJESTÉ ordonne à tous les Gendarmes qui obtiendront des congés de semestre, de ne porter absolument d'autre uniforme que celui prescrit par le Réglement du 18 Février 1772 ; leur défendant de porter aucun autre habit ou surtout qui ne seroit pas exactement ledit uniforme.

Défend aussi Sa Majesté aux Gendarmes qui auront été renvoyés du Corps, sans avoir obtenu des congés de retraite, de porter l'uniforme dudit Corps, à peine d'être punis d'un an de prison, conformément à l'article XVIII dudit Réglement du 18 Février 1772.

Veut au surplus Sa Majesté que ses Ordonnances & Réglemens rendus sur le Corps de la Gendarmerie aient leur exécution en tout ce qui ne sera pas contraire à la présente.

MANDE & ordonne Sa Majesté au sieur Marquis de Castries, Capitaine - lieutenant des Gendarmes Ecossois, Inspecteur du Corps de la Gendarmerie, aux autres Capitaines-lieutenant des compagnies de ce Corps, & en leur absence à ceux qui les commandent, & aux Commissaires des guerres à la conduite & police, de tenir la main à l'exécution de la présente Ordonnance, laquelle Sa Majesté veut être lue & publiée à la tête de la Gendarmerie,

à ce qu'aucun n'en prétende cause d'ignorance.

FAIT à Compiegne le vingt-cinq Juillet mil
sept cent soixante-treize.

Signé, LOUIS.

Et plus bas MONTEYNARD.

DÉCISION DU ROI,

Au sujet du service des Officiers supérieurs.

Octobre 1773.

SA MAJESTÉ a décidé qu'aucun Guidon ne sera reçu dans le grade dont il
aura été pourvu, sans avoir préalablement
acquis toutes les connoissances nécessaires à
son état, soit pour le service, l'équitation,
ou la partie des manœuvres, & que l'examen
qui en sera fait, sera renouvellé à tous les
changemens de grade, dont on ne pourra
exercer les fonctions qu'après avoir satisfait
audit examen, que le Commandant général
en fera, ou en fera faire.

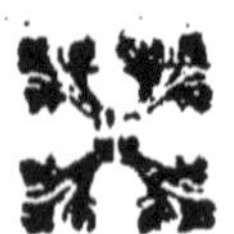

EXTRAIT

D'UNE DÉCISION DU ROI,

Au sujet des chevaux d'escadron des Officiers supérieurs de la Gendarmerie.

Du 17 Mai 1774.

EN conséquence d'une Ordonnance rendue en 1767, qui prescrivoit aux Officiers de Gendarmerie d'avoir des chevaux d'escadron, Monsieur le Marquis de Castries a pris les ordres du Roi le 27 Mai 1774, sur l'exécution de ladite Ordonnance, & sa Majesté lui a ordonné de la faire exécuter.

ORDONNANCE DU ROI,

POUR mettre sous le nom de MONSIEUR, *les différens Corps qui portent celui de Monsieur le Comte de Provence.*

Du 20 Mai 1774.

DE PAR LE ROI.

SA MAJESTÉ voulant que les différens Corps qui sont désignés sous le nom de Monsieur le Comte de Provence, portent à l'avenir celui de MONSIEUR, son intention est que la Compagnie des Gendarmes de Provence du Corps de la Gendarmerie, porte le nom des Gendarmes de MONSIEUR ; le régiment des Carabiniers de Monsieur le Comte de Provence, celui des Carabiniers de MONSIEUR, le régiment d'Infanterie de Monsieur le Comte de Provence, celui de régiment d'Infanterie de MONSIEUR ; & le régiment de Dragons de Monsieur le Comte de Provence, celui de régiment de Dragons de MONSIEUR : Voulant Sa Majesté que les Ordres, Commissions, Lettres & Brevets pour remplir les charges qui viendront à vaquer dans lesdits Corps, soient expédiés par la suite sous ce nom ; dérogeant, à cet égard ulement, aux Ordonnances des 5 Juin 1763, 13 Mai 1758, 12 Novembre 1770 & 20 Février 1774, lefquelles auront d'ailleurs leur entiere exécution.

MANDE & ordonne Sa Majefté aux Officiers généraux ayant commandement fur fes Troupes, aux Gouverneurs & fes Lieutenans généraux dans fes Provinces, aux Gouverneurs de fes Villes & Places, au Commandant général & Infpecteur du Corps de la Gendarmerie, aux Infpecteurs généraux de fes Troupes, aux Intendans dans fes Provinces & fur fes Frontieres, aux Commiffaires des Guerres & à tous autres fes Officiers qu'il appartiendra, de tenir la main à l'exécution de la préfente Ordonnance.

FAIT au Château de la Muette, le vingt Mai mil fept cent foixante-quatorze.

Signé, LOUIS,

Et plus bas, LE DUC D'AIGUILLON.

ORDONNANCE DU ROI,

Concernant la Gendarmerie.

Du 24 Février 1776.

DE PAR LE ROI.

SA MAJESTÉ voulant donner au Corps de la Gendarmerie, une conftitution plus avantageufe au bien de fon fervice, a ordonné & ordonne ce qui fuit :

ARTICLE PREMIER.

LE Corps de la Gendarmerie, actuellement compofé de dix compagnies, fera réduit à l'avenir à huit compagnies ; au moyen de quoi les deux dernieres compagnies dudit Corps, feront fupprimées & incorporées dans les huit compagnies confervées.

I I.

SA MAJESTÉ conferve fur pied les huit compagnies des Gendarmes Ecoffois, Anglois, Bourguignons, de Flandre, de la Reine, Dauphin, de Monfieur, & de Berry ; cette derdiere prendra à l'avenir le nom de *Gendarmes d'Artois.*

I I I.

CHACUNE des huit compagnies conservées, formera un escadron, & sera divisée par demi-escadron ; chaque compagnie ou escadron sera commandé par un Capitaine-lieutenant, un second Lieutenant & un premier Lieutenant, un Sous-lieutenant ; & composé d'un Porte-étendard, de quatre Maréchaux-des-logis, huit Brigadiers, un Fourrier, quatre-vingt-seize Gendarmes, & deux Trompettes.

I V.

CHAQUE demi-escadron sera composé de quatre escouades de treize hommes chacune, y compris le Brigadier.

La premiere & la troisiéme escouade du premier demi-escadron, formeront la premiere division, à laquelle seront attachés le premier & le cinquiéme Brigadier.

La seconde & la quatriéme escouade dudit premier demi-escadron, formeront la seconde division, à laquelle seront attachés le second & le sixiéme Brigadier.

La premiere division dudit premier demi-escadron, sera subordonnée au premier Maréchal-des-logis ; & la seconde division au troisiéme Maréchal-des-logis.

La premiere & la troisiéme escouade du second demi-escadron, formeront une premiere

miere divifion, à laquelle feront attachés le troifiéme & le feptiéme Brigadier.

La feconde & la quatriéme efcouade dudit fecond demi-efcadron, formeront une feconde divifion, à laquelle feront attachés le quatriéme & le huitiéme Brigadier.

La premiere divifion du fecond demi-efcadron, fera fubordonnée au fecond Maréchal-des-logis; & la feconde divifion au quatriéme Maréchal-des-logis.

V.

Le premier demi-efcadron de chaque compagnie, compofé, ainfi qu'il eft dit ci-deffus, fera commandé par le Capitaine-lieutenant & le fecond Lieutenant.

Le fecond demi-efcadron fera commandé par le premier Lieutenant & le Sous-lieutenant.

Le Porte-étendard fera attaché au premier demi-efcadron, & le Fourrier au fecond.

Chaque Brigadier rendra journellement compte des détails de fon efcouade au Maréchal-des-logis, & chaque Maréchal-des-logis aux Officiers fupérieurs, de grade en grade, & à ceux de l'Etat-major; & les Officiers fupérieurs par gradation, rendront compte au Commandant en fecond, & celui-ci au Commandant général du Corps.

V I.

Sa Majesté supprime les deux derniers Aides-major dudit Corps de la Gendarmerie ; mais son intention est de les conserver dans lesdits emplois , avec les traitemens & prérogatives dont ils jouissent, jusqu'à ce que lesdites places viennent à vaquer par quelque cause que ce soit. Sa Majesté supprime également les deux derniers Sous-aides-major, le second Fourrier-major, le Maréchal-des-logis attaché à l'hôpital , le Brigadier de police en résidence à Paris , & le second Aumônier : Elle supprime aussi les deux dernieres des quatre charges de Commissaires à la conduite & police de la Gendarmerie.

Sa Majesté veut qu'un des Sous - aides-major réformés , soit nommé à la place de Fourrier-major , qu'Elle conserve ; & que le quatriéme Sous-aide-major & les deux Fourriers-majors soient pourvus des places de Porte-étendard.

Le Brigadier de police supprimé, reprendra dans la compagnie à laquelle il étoit attaché , le rang qu'il y avoit précédemment , pour y continuer ses services.

V I I.

Au moyen des changemens énoncés ci-dessus, l'Etat-major de ce Corps, sera composé à l'avenir d'un Commandant général, d'un Commandant en second, d'un Major, de deux Aides-major, de deux Sous-aides-major, d'un Fourrier-major chargé du détail, d'un Timbalier, d'un Aumônier, d'un Chirurgien-major, d'un second Chirurgien, d'un Maréchal-expert, d'un maître Armurier & d'un maître Sellier.

V I I I.

Les huit Porte-étendards créés en vertu de l'article III de la présente Ordonnance, auront rang de derniers Sous-lieutenans, ainsi que les deux Sous-aides-major & le Fourrier-major.

I X.

Les Aides-major du Corps de la Gendarmerie, qui en vertu de l'article IV de l'Ordonnance du 8 Juin 1764, avoient rang de premier Enseigne, & le commandement sur tous les Enseignes dudit Corps, auront à l'avenir le rang de premiers Lieutenans, & concourront avec lesdits premiers Lieutenans d'après la date des brevets qui leur en seront expédiés, tant pour monter aux compagnies qui viendront à vaquer, que pour commander ceux qui seroient moins anciens; mais ils resteront subordonnés aux Capitaines-lieutenans & au Major du Corps, qui continuera d'avoir rang de premier Lieutenant; Sa Majesté ne voulant point au surplus, que lesdits

Officiers puiſſent prétendre aux compagnies qui viendront à vaquer par la mort d'un des titulaires, conformément à ce qui a été réglé précédemment à cet égard.

X.

SA MAJESTÉ veut que les premiers Lieutenans & les ſeconds Lieutenans dudit Corps de la Gendarmerie, aient le grade de Meſtre-de-camp, dès qu'ils ſeront pourvus deſdits emplois ; que les Sous-lieutenans aient également le brevet de Lieutenant-colonel, du jour de leur nomination auxdits emplois ; & que d'ailleurs la commiſſion de Meſtre-de-camp leur ſoit accordée, après ſix ans de ſervice, en ladite qualité de Sous-lieutenant. D'après cette diſpoſition, Sa Majeſté ſupprime le privilége dont jouiſſoit précédemment le Guidon de la compagnie des Gendarmes Ecoſſois, d'être pourvu de la commiſſion de Meſtre-de-camp, lors de ſa nomination ; & Elle entend que la finance de vingt mille livres que ledit Guidon étoit tenu de payer en ſus du prix fixé pour ladite place de Guidon, ſoit ſupprimée, Sa Majeſté ſe propoſant de le faire rembourſer avec les autres charges.

X I.

SA MAJESTÉ entend que les Maréchaux-des-logis du Corps de la Gendarmerie, continuent à jouir, favoir; les Maréchaux-des-logis de la compagnie des Gendarmes Ecoffois, de la commiffion de Capitaine de Cavalerie, du jour de leur nomination à ce grade; & les autres Maréchaux-des-logis, du rang de Capitaine & des prérogatives qui y font attachées.

Les deux plus anciens Brigadiers de chacune des compagnies dudit Corps, continueront de même à jouir du rang & des prérogatives de Capitaine; tous les autres Brigadiers & Fourriers, du brevet de Lieutenant, du jour de leur nomination; & les Gendarmes, du rang & des prérogatives de Sous-lieutenans : En conféquence du préfent article, il ne fera plus accordé de brevets de Lieutenans aux Gendarmes, après quinze ans de fervice, ainfi qu'il a été d'ufage jufqu'à préfent.

X I I.

Sa Majesté fe propofant d'éteindre fucceffivement les huit charges fupprimées par les difpofitions de la préfente Ordonnance, ainfi que celles de deux Commiffaires de guerres également fupprimées, affectera inceffamment un fonds à cet objet, qui fera dépofé à la caiffe de l'Ordinaire des guerres, avec un état arrêté qui fera connoître les époques auxquelles les différens rembourfemens des capitaux & des intérêts devront avoir lieu.

X I I I.

A U moyen des difpofitions de la préfente Ordonnance, Sa Majefté a jugé à propos de régler aux charges des Officiers fupérieurs, un prix qui y foit conforme, & Elle veut qu'il foit fixé :

S A V O I R;

Les charges de Capitaines-lieutenans, à cent cinquante mille livres, comme elle l'étoient précédemment; & les brevets de retenue defdites charges, feront portés jufqu'à quatre-vingts mille livres.

Celles des Sous-lieutenans, qui deviennent premiers Lieutenans, feront réduites de cent vingt mille livres où elles étoient fixées, à cent mille livres ; & les brevets de retenue defdites charges, ne feront portés à l'avenir qu'à quarante mille livres, au lieu de foixante qui avoient été précédemment fixées.

Les charges des Enfeignes, qui feront à l'avenir feconds Lieutenans, feront portées à cent mille livres, au lieu de quatre-vingts mille livres à quoi elles étoient fixées précédemment ; & les brevets de retenue defdites charges, qui ne pouvoient être portés que jufqu'à vingt mille livres, le feront à l'avenir à quarante mille livres.

Les charges des Guidons, qui deviennent Sous-lieutenans, refteront fixées à foixante mille livres, & n'auront point de brevets de retenue.

Au moyen de ces arrangemens, les seconds Lieutenans dudit Corps seront tenus de rembourser aux premiers Lieutenans, une somme de vingt mille livres, pour remplir les dispositions prescrites par le présent article.

X I V.

L'INTENTION de Sa Majesté étant de régler le traitement du Corps de la Gendarmerie, Elle veut que les appointemens & solde dudit Corps, soient payés au complet, sur le pied par jour,

S A V O I R;

UN ESCADRON.

Au Capitaine-lieutenant, 26 livres 7 sols 9 deniers 1 tiers par jour, faisant 791 livres 13 sols 4 deniers par mois, & 9500 livres par an.

Au premier Lieutenant, 15 liv. 5 sols 6 den. deux tiers par jour, faisant 458 liv. 6 sols 8 den. par mois, & 5500 liv. par an.

Au second Lieutenant, 13 liv. 17 sols 9 den. un tiers par jour, faisant 416 liv. 13 sols 4 den. par mois, & 5000 par an.

Au Sous-lieutenant, 8 liv. 6 sol. 8 den. par jour, faisant 250 liv. par mois, & 3000 liv. par an.

Au Porte-étendard, 4 liv. 14 sols 5 den. 1 tiers par jour, faisant 141 liv. 13 sols 4 den. par mois, & 1700 liv. par an.

A chaque Maréchal-des-logis, 4 liv. 8 sols 10 den. 2 tiers par jour, faisant 133 liv. 6 sols 8 den. par mois, & 1600 liv. par an.

A chacun des deux premiers Brigadiers, 2 liv. 7 fols 2 den. 2 tiers par jour, faifant 70 liv. 16 fols 8 den. par mois, & 850 liv. par an.

A chacun des fix autres Brigadiers, 2 liv. 1 fols 8 den. par jour, faifant 62 liv. 10 fols par mois, & 750 liv. par an.

Au Fourrier, 1 liv. 13 fols 4 den. par jour, faifant 50 liv. par mois, & 600 liv. par an.

A chaque Gendarme, 18 fols par jour, faifant 27 liv. par mois, & 324 liv. par an.

A chaque Trompette, 1 liv. 6 fols 8 deniers par jour, faifant 40 liv. par mois, & 480 liv. par an.

ÉTAT-MAJOR.

Au Commandant général, 56 liv. 18 fols 10 den. 2 tiers par jour, faifant 1708 liv. 6 fols 8 den. par mois, & 20500 liv. par an.

Au Commandant en fecond, 29 liv. 3 fols 4 den. par jour, faifant 875 liv. par mois, & 10500 liv. par an.

Au Major, 27 liv. 15 fols 6 den. 2 tiers par jour, faifant 833 liv. 6 fols 8 den. par mois, & 10000 par an.

A chaque Aide-major, 13 liv. 17 fols 9 den. 1 tiers par jour, faifant 416 liv. 13 fols 4 den. par mois, & 5000 liv. par an.

A chaque Sous-aide-major, 6 liv. 18 fols 10 den. 2 tiers par jour, faifant 208 liv. 6 fols 8 den. par mois, & 2500 liv. par an.

Au Fourrier-major chargé du détail, 6 liv. 18 fols 10 den. 2 tiers par jour, faifant 208 liv. 6 fols 8 den par mois, & 2500 liv. par an.

Au Timbalier, 1 liv. 13 fols 4 den. par jour, faifant 50 liv. par mois, & 600 liv. par an.

A l'Aumônier, 3 liv. 6 fols 8 den. par jour, faifant 100 liv. par mois, & 1200 liv. par an.

Au Chirurgien-major, 4 liv. 3 fols 4 den. par jour, faifant 125 liv. par mois & 1500 liv. par an.

Au fecond Chirurgien, 2 liv. 1 fol 8 den. par jour, faifant 62 liv. 10 fols par mois, & 750 liv. par an.

Au Maréchal-expert, 1 liv. 13 fols 4 den. par jour, faifant 50 liv. par mois, & 600 liv. par an.

A l'Armurier 16 fols 8 den. par jour, faifant 25 liv. par mois, & 300 liv. par an.

Au Sellier, 16 fols 8 den. par jour, faifant 25 liv. par mois, & 300 liv. par an.

Sa Majefté ayant fupprimé par les difpofitions de la préfente Ordonnance, les Appointés dans chaque compagnie, ainfi que le traitement dont ils jouiffoient en cette qualité ; & voulant traiter favorablement les anciens Gendarmes, Elle a réglé que chacun des douze plus anciens Gendarmes de chaque compagnie, jouira à l'avenir d'un fupplément de folde de foixante-quinze livres par an, lequel leur fera payé en même temps que la folde réglée ci-deffus : Sa Majefté veut au furplus que lefdits anciens Gendarmes confervent l'autorité qu'ils avoient fur les autres Gendarmes de leur compagnie.

X V.

Sa Majesté continuera d'accorder audit Corps, vingt fous par cheval, au complet de huit cents quatre-vingt-feize chevaux ,

réglé par la préfente Ordonnance ; indépendamment de quoi, il fera fait fonds par Sa
Majefté d'une pareille fomme de vingt fous
pour l'entretien du cheval du Major, de chacun des deux Aides-major, de chacun des
deux Sous-aides-major, du Fourrier-major &
du cheval du Timbalier, dont le prix fera payé
avec celui de la ration de fourrage deftinée
pour chaque cheval de la troupe ; au moyen
de quoi, ils feront tenus d'avoir toujours &
en tout temps un cheval d'efcadron reçu par
le Commandant général, & dont ils ne pourront fe défaire qu'avec fon agrément.

X V I.

Au moyen du traitement réglé ci-deffus,
il fera pourvu à la nourriture & au remplacement defdits chevaux : Il fera également
pourvu, fur ce même objet, généralement à
toute efpéce de remplacement, de réparation
& d'entretien dudit Corps, dont étoient chargés ci-devant les Chefs de brigades.

Le Commandant en fecond, aidé de l'E-
tat-major, fera chargé de l'exécution des ordres que donnera, à cet égard, le Commandant général ; & le compte qui en réfultera
chaque année fera préfenté au travail de Sa
Majefté.

X V I I.

Tous les comptes de recette & de dépenfe

qui auront rapport à l'adminiſtration dudit Corps de la Gendarmerie, ſeront réglés & arrêtés chaque année par le Commandant général, dans un Conſeil que Sa Majeſté veut qui ſoit établi à cet effet, où il préſidera : Ledit Conſeil ſera compoſé du Commandant en ſecond, du Major, ou en ſon abſence, du premier Aide-major, & des deux plus anciens Capitaines - lieutenans préſens au Corps, leſquels vérifieront & ſigneront ledit compte, dont le réſultat, également ſigné d'eux, devra être mis ſous les yeux de Sa Majeſté, pour être approuvé.

X V I I I.

Sa Majesté voulant avoir égard aux avantages que pouvoient retirer les Officiers qui étoient précédemment chargés de la manutention des brigades, & leur donner les moyens d'entretenir le cheval d'eſcadron qu'ils ſont tenus d'avoir, Elle leur a accordé un ſupplément de traitement qui devra être pris en temps de paix, ſur les vingt ſous par cheval réglés par l'article XV, & a fixé ce ſupplément de traitement à quinze cents livres par an pour chaque Capitaine-lieutenant ; & à ſept cents cinquante livres pour chaque premier & ſecond Lieutenant. Sa Majeſté ſe réſerve d'aſſigner les fonds néceſſaires à cet objet pour le temps de guerre.

Sa Majeſté n'ayant point réglé de traitement aux Sous-lieutenans dudit Corps, son intention est qu'il leur soit fourni une ration de fourrage sur la Masse générale, pour le cheval d'escadron qu'ils devront avoir.

X I X.

SA MAJESTÉ déclare qu'Elle n'accordera plus à l'avenir de pensions sur le Trésor royal; son intention étant de n'en accorder qu'à ceux qui seront absolument hors d'état de continuer leurs services, qui doivent dater de trente ans au moins. Si cependant quelques anciens Gendarmes étoient forcés par des blessures ou des infirmités bien constatées, de quitter avant le temps prescrit, Sa Majesté, sur le compte qui lui en sera rendu par le Commandant général, leur accorderoit pour retraite une partie de leur paye. Il sera de plus ajouté chaque année, à la solde dudit corps de la Gendarmerie, une somme de six mille livres, pour être distribuée en gratifications à ceux qui seront chargés de l'instruction, & qui s'en acquitteront à la satisfaction du Commandant général, ou à ceux des Gendarmes qu'il jugera avoir besoin de secours.

X X.

LES nouvelles dispositions réglées par la présente Ordonnance pour la Gendarmerie, occasionnant des changemens dans la manu-

tention des fonds que Sa Majesté accordoit
à ce Corps, à titre d'ustensile, pour l'entretien de son établissement & autres objets
détaillés dans l'Ordonnance du premier Août
1767 ; son intention est qu'il soit fait une
nouvelle répartition des fonds relatifs à cet
objet sur laquelle Sa Majesté fera connoître
les volontés par la suite.

X X I.

Il sera fait en tout temps, sous le titre de
Masse de l'habillement, une retenue de trois
sous par jour sur chaque Brigadier, Fourrier & Gendarme, dont le fonds sera destiné
à l'habillement du Corps : cette masse demeurera entre les mains du Trésorier général de l'Ordinaire des guerres, qui ne la délivrera que sur la main-levée du Commandant
général.

X X I I.

A l'égard du Timbalier & des Trompettes, Sa Majesté continuera de leur faire fournir, dans les temps de l'habillement, les casaques, les banderoles, le tablier des timbales & les manteaux, lorsqu'ils auront été
supprimés par le Commandant général; Elle
leur fera fournir de plus un surtout de bouracan bleu-de-roi.

XXIII.

QUANT à l'uniforme de ce Corps, à l'habillement & à l'équipement ; l'intention de Sa Majesté est que l'on se conforme exactement au Réglement rendu à cet effet le 18 Février 1772, à la réserve de l'uniforme des Porte-étendards, qui devra être le même que celui des Sous-aides-major & du Fourrier-major dudit Corps.

XXIV.

SA MAJESTÉ considérant qu'il sera plus avantageux au bien de son service, de changer la forme qui avoit été établie par l'Ordonnance du 17 Juin 1770, pour le service des Officiers supérieurs, Elle a réglé qu'à l'avenir, les premiers & seconds Lieutenans, ainsi que les Sous-lieutenans, se rendront au Corps de la Gendarmerie, à commencer du 15 Mai jusqu'au 15 du mois de Septembre de chaque année ; & que les Capitaines-lieutenans se rendront également audit Corps, du 15 Juin au 15 Septembre, sur les ordres qui leur seront adressés par le Commandant général.

XXV.

SA MAJESTÉ ayant jugé à propos de supprimer deux des quatre Commissaires attachés ci-devant au Corps de la Gendarmerie ; son intention est que les deux conservés soient chacun six mois en résidence audit Corps, sans que celui qui s'y trouvera de service, puisse en partir sans avoir été relevé, à moins de circonstances particulieres, sur lesquelles Sa Majesté s'en rapporte au Commandant général du Corps.

X X V I.

POUR parvenir à la nouvelle composition que Sa Majesté a réglée par la présente Ordonnance pour le Corps de la Gendarmerie, Sa Majesté adressera ses ordres au sieur Marquis de Castries, Commandant général dudit Corps, pour se rendre dans le quartier qu'il occupe, pour procéder à la réforme de deux compagnies, & à la nouvelle composition que Sa Majesté veut qui soit établie dans les compagnies d'ordonnance de sa Gendarmerie.

X X V I I.

LES deux Capitaines - lieutenans, les deux Sous - lieutenans, les deux Enseignes & les deux Guidons les moins anciens, chacun dans leur grade, cesseront les fonctions de leurs charges & seront réformés. Lesdits Officiers jouiront jusqu'à ce qu'ils soient remplacés, des appointemens qui leur sont attribués ; ils seront tenus d'être préfens au Corps de la Gendarmerie du 15 Juillet au 15 Septembre : voulant Sa Majefté, qu'ils foient pourvus des premieres charges qui viendront à vaquer , & qu'ils reprennent alors le rang qu'ils occupoient parmi les Officiers du même grade.

XXVIII.

SA MAJESTÉ ayant indiqué un fonds pour le remboursement des charges fupprimées, & les poffeffeurs de ces charges ne courant plus le hafard de les perdre , Elle veut qu'ils foient privés par cette raifon , de l'avantage d'obtenir les places vacantes par mort , auxquelles leur rang pourroit leur faire prétendre jufqu'à leur remplacement.

XXIX.

A l'égard des Maréchaux-des-logis , Brigadiers , Sous - brigadiers , Porte - étendards , Fourriers , Appointés & Gendarmes qui fe trouveroient également réformés par les difpofitions de la préfente Ordonnance, Sa Majefté veut bien leur accorder jufqu'à leur remplacement : favoir, à ceux qui ont vingt ans & plus de fervice, la moitié de leur folde ; à ceux qui fe trouveront avoir plus de dix ans de fervice & moins de vingt , le tiers ; & à ceux qui ont fix ans de fervice , le quart de leur folde.

XXX.

X X X.

Il sera dreſſé un état contenant les noms & services des Brigadiers, Sous-brigadiers & Gendarmes qui ſeront par leurs infirmités dans le cas d'être admis à l'Hôtel royal des Invalides, en conſéquence des Réglemens arrêtés pour la Gendarmerie. Le Commandant général enverra ledit état au Secrétaire d'Etat ayant le département de la guerre, qui leur fera expédier des routes pour s'y rendre.

X X X I.

Les places de Maréchaux-des-logis, Brigadiers & Fourriers, qui ſe trouveroient vacantes dans les huit compagnies conſervées lors de l'exécution de la préſente Ordonnance, ſeront remplies par ceux du même grade qui ſe trouveront réformés, ayant égard à l'ancienneté & au mérite de leurs ſervices.

L'intention de Sa Majeſté eſt également que ceux des Gendarmes des compagnies ſupprimées, qui ſeront jugés par le Commandant général les plus en état de ſervir, & ſuſceptibles par leur zéle, de préférence, ſoient incorporés dans les huit compagnies conſervées, ſi elles ne ſe trouvent pas complettes, & qu'ils prennent le rang de leur ancienneté dans le Corps.

P

X X X I I.

Les Gendarmes qui se trouveront excéder la composition réglée, jouiront du traitement fixé par l'article XXVII de la présente Ordonnance ; & il leur sera donné en remettant leur bandouliere, des congés pour se retirer chez eux, avec leurs surtout, chapeau & épée; voulant Sa Majesté qu'avant leur départ, il leur soit fait le décompte de ce qui pourra leur être dû de leur solde jusques & compris le jour de leur réforme.

X X X I I I.

L'intention de Sa Majesté est qu'il soit dressé un état détaillé des Gendarmes, des chevaux & des effets d'équipement &, d'armement des deux compagnies supprimées ; & d'après la connoissance particuliere que le Commandant général prendra de la situation des huit compagnies conservées, Sa Majesté l'autorise à réformer sur le champ les chevaux desdites huit compagnies qu'il jugera être les moins en état de servir, pour les faire remplacer par ceux des deux compagnies réformées qu'il jugera devoir mériter la préférence.

Sa Majesté veut bien aussi que si dans le nombre des chevaux excédant la nouvelle composition, il s'en trouvoit quelques-uns en état de rendre encore un service utile,

ils foient confervés pour fervir au remplacement de ceux qui viendront à manquer
dans les huit compagnies dudit Corps; Sa
Majefté autorifant le Commandant général à
ordonner leur nourriture fur le traitement
réglé pour l'entretien du Corps : Le furplus
des chevaux défectueux fera vendu , & la
fomme qui en proviendra, fera mife en dépôt , jufqu'à ce que Sa Majefté régle fa def-
tination.

XXXIV.

Le Commandant général de la Gendarmerie , fera une revue exacte des dix compagnies qui compofent actuellement ledit Corps,
pour connoître fi tous les remplacemens & les
réparations ordonnées à la revue précédente,
ont été exécutés ; l'intention de Sa Majefté
étant que les fommes néceffaires aux réparations qui n'auroient point été faites , foient
retenues aux Chefs de brigades , fur le bénéfice des fourrages qui étoit deftiné à cet objet.

XXXV.

La nouvelle compofition réglée par la préfente Ordonnance , exigeant quelques changemens aux difpofitions de celle du 25 Juillet 1773 , concernant le temps du fervice;
& Sa Majefté voulant expliquer fes intentions à cet égard; Elle ordonne qu'à l'avenir
il fe trouve toujours préfens, pendant l'hiver

à chaque compagnie, deux Maréchaux-des-logis, quatre Brigadiers, quarante-huit Gendarmes & un Trompette, fans que, fous aucun prétexte, cet ordre puiffe être interverti : Voulant auffi Sa Majefté que le Porte-étendard & le Fourrier de chacune defdites compagnies, ne puiffent s'abfenter que fur des congés ou permiffions particulieres qui leur feront données par le Commandant général, Les difpofitions contenues d'ailleurs dans ladite Ordonnance du 25 Juillet 1773, devront être exécutées en tout ce qui ne fera pas contraire à la préfente.

X X X V I.

Il fera dreffé par le Commiffaire des guerres à la conduite & police de la Gendarmerie, qui fera préfent à l'exécution de la préfente Ordonnance, un procès-verbal de la nouvelle compofition des huit compagnies de la Gendarmerie, duquel procès-verbal il enverra des doubles au Secrétaire d'Etat ayant le département de la guerre, & au Tréforier général de l'Ordinaire des guerres; voulant Sa Majefté que les appointemens, la folde & la maffe réglées pour l'entretien, aient lieu, à commencer du jour & de la date dudit procès-verbal : Dérogeant Sa Majefté à tous Réglemens & Ordonnances précédemment rendues, concernant la Gendarmerie, en tout ce qui s'y trouvera de contraire à la préfente.

MANDE & ordonne Sa Majesté au sieur Marquis de Castries, Commandant général du Corps de la Gendarmerie, Capitaine-lieutenant de la compagnie des Gendarmes Ecossois, aux autres Capitaines-lieutenans des compagnies de ce Corps, & en leur absence, à ceux qui les commandent, & aux Commissaires des guerres à la conduite & police, de tenir la main à l'exécution de la présente Ordonnance.

FAIT à Versailles le vingt-quatre Février mil sept cent soixante-seize.

Signé, LOUIS.

Et plus bas, SAINT-GERMAIN.

DÉCISION DU ROI,

Au sujet du passage des Officiers de la Gendarmerie dans les différentes compagnies, soit à Grade égal, soit au passage du Grade inférieur au supérieur.

Novembre 1776.

SA MAJESTÉ a décidé que lorsqu'il vaqueroit en même-temps plusieurs charges du même grade, le Commandant général étoit autorisé à lui proposer indifféremment, parmi les Officiers du grade inférieur, ceux que le bien de son service exigeroit qui fussent placés de préférence dans une compagnie plutôt que dans une autre, sans avoir égard, entre Officiers du même grade, à leur plus ou moins d'ancienneté. Sa Majesté a réglé en outre qu'il lui seroit également proposé, pour remplir une charge vacante, un Officier du même grade, & déja placé dans une autre compagnie, lorsque le bien de son service exigeroit ce passage, & que dans ce cas, l'Officier de grade inférieur, susceptible de monter au supérieur, passeroit sans difficulté à la charge devenue vacante par la nomination de celui qui l'exerçoit précédemment.

EXTRAIT

DE L'ORDONNANCE DU ROI,

Concernant les dettes des Officiers.

Du 2 Juin 1777.

DE PAR LE ROI.

SA MAJESTÉ étant informée de la nécessité d'assurer par de nouvelles dispositions l'exécution de celles qu'Elle a prescrites, dans la vue d'éviter aux Officiers de ses troupes tout engagement ruineux, & de conserver à sa destination naturelle le traitement qu'Elle leur accorde, pour subsister & s'entretenir à son service ; & Sa Majesté voulant y pourvoir, Elle a ordonné & ordonne ce qui suit.

ARTICLE PREMIER.

DÉFEND Sa Majesté à tous Officiers, bas-Officiers & Cadets-gentilshommes, employés dans ses troupes, d'acheter aucune chose à crédit, d'emprunter de qui que ce soit, & de contracter aucun engagement pour dettes, sans l'aveu & consentement, par écrit, des Commandans de leurs Corps.

I I.

VEUT qu'il ne puisse être payé par retenue sur leur solde & appointemens que les dettes qui seront autorisées de la maniere énoncée dans l'article précédent, & qui auront seulement pour objet la subsistance des Officiers , leur habillement & équipement & les fournitures relatives à leur état & service.

I I I.

LES dettes ci-dessus ne seront payées par le Trésorier , sur la retenue faite à l'Officier débiteur , qu'après que les titres , mémoires, arrêtés & billets qui les constateront, auront été visés par le Commandant , lequel inscrira en marge ou au dos desdites piéces justificatives , les temps & délais qui auront été fixées pour le payement; en conséquence, ordonne Sa Majesté que les propriétaires desdits titres , mémoires , arrêtés & billets , seront tenus de les présenter au Commandant, deux mois au plus tard , à compter de leur date , & qu'après ce temps , ils ne seront plus admis à réclamer leur payement , sur la solde ou appointemens de leurs débiteurs , sauf à eux à se pourvoir par les voyes de droit contre ces derniers , & sur leurs biens, ainsi qu'ils aviseront bon être.

I V.

S'il arrivoit qu'aucunes des créances euf-
fent été déguifées , & qu'il fût reconnu
qu'elle provinffent de pertes faites au jeu,
Sa Majefté veut & entend non - feulement
que les titres & billets qui les conftateront
foient fupprimés & annullés , mais encore que
les Officiers perdans qui les auront confen-
tis, & les Officiers gagnans qui en auront
fait ufage , foient également punis par arrêts ,
prifons ou autres peines.

MANDE Sa Majefté aux Commandans, &c.
de tenir la main à l'exécution de la préfente
Ordonnance.

FAIT à Verfailles, le deux Juin mil fept
cent foixante-dix-fept.

Signé, LOUIS.

Et plus bas, SAINT-GERMAIN.

DÉCISION

DU ROI,

Concernant les Surnuméraires.

Du 30 Juin 1778.

SA MAJESTÉ voulant faciliter au Corps de la Gendarmerie les moyens de se completter, a décidé qu'il pourroit être reçu huit Surnuméraires par chaque compagnie, pour remplir successivement les places qui viendront à y vaquer : mais afin de prévenir en même-temps l'abus qui résulteroit de faire compter un pareil service, pour parvenir aux grades & récompenses, Elle a réglé que lesdits Surnuméraires, quoique soumis à toutes les régles de la discipline du Corps, n'auroient point de paye, ni de rang entr'eux, pour devenir Gendarmes, qu'ils ne seront inscrits comme tels qu'après avoir été mis en pied, de façon, à ce que leur activité au service ne date que de ce jour là, & qu'ils n'obtiennent de congés du Corps, qu'après avoir été Gendarmes ; ayant égard toutefois à ce que ceux desdits Surnuméraires qui auront été reçus par le Commandant particuculier de la Gendarmerie, ne peuvent être mis en pied que lorsque le Commandant général les a agréés. Sa Majesté a décidé que ceux qui seront dans ce cas prendront rang du jour de leur arrivée sur les Gendarmes qui auroient été placés en pied postérieurement à eux, lorsqu'ils seront admis à l'état de Gendarme ; mais cette disposition ne pourra avoir lieu que d'une revue à l'autre.

ARTICLE LXXX.

De l'Ordonnance du 28 Décembre 1758, concernant les compagnies des Gardes du Corps, pour servir d'éclaircissement à l'article XI de l'Ordonnance concernant la Gendarmerie, du 24 Février 1776.

ON ne donnera plus à l'avenir aux Gardes du Roi, les Commissions de Capitaine de Cavalerie qui leur étoient accordées à quinze ans de service : mais à dater de cette époque de quinze ans d'ancienneté dans le Corps, leurs services commenceront de leur être comptés, comme s'ils avoient ladite commission, pour leur servir non-seulement à acquérir la noblesse militaire, au terme de l'Edit de création, mais encore pour toutes les prérogatives dont ils peuvent être susceptibles, comme d'être reçus à l'Hôtel royal des In-

Q

valides en ladite qualité, & à obtenir des lettres de vétérance, après vingt-cinq ans de fervice accomplis, favoir ; dix ans après l'époque ci-deſſus de fervice dans le Corps, voulant cependant Sa Majeſté que les Brigadiers & Sous-brigadiers ayent toujours à l'avenir ladite Commiſſion de Capitaine de Cavalerie, qui leur fera expédiée du jour de leur promotion à ce grade. Sa Majeſté déclare qu'elle en uſera du même à l'égard des Gendarmes de ſa garde, des Chevaux-légers & des Mouſquetaires des deux compagnies de ſa Maiſon pour leſquels Elle rendra une Ordonnance particuliere à ce ſujet, ſe réſervant auſſi de ne plus donner de brevets de Lieutenant de Cavalerie, comme ci-devant au terme de quinze ans de fervice, aux Gendarmes de ſa Gendarmerie., *ſans vouloir néanmoins qu'ils ceſſent de jouir des avantages qui pourroient en réſulter.*

ORDONNANCE DU ROI,

Pour augmenter les appointemens des Porte-étendards du Corps de la Gendarmerie, pour donner aux Fourriers, le rang & les appointemens de Brigadiers.

Du 9 Mars 1781.

DE PAR LE ROI.

SA Majesté jugeant convenable au bien de son Service d'augmenter les appointemens des Porte-étendarts & Fouriers du Corps de sa Gendarmerie, & de donner par la suite, à ces derniers, plus d'autorité qu'il ne leur en été attribué par son Ordonnance du 14 Février 1776; Elle a ordonné & ordonne ce qui suit.

ARTICLE PREMIER.

A Commencer du premier Avril prochain, les appointemens desdits Porte-étendarts seront augmentés de trois cent livres, pour les porter de dix-sept cent livres, à quoi ils avoient été fixés, à deux mille livres.

2. Le Fourier de chaque Compagnie prendra rang à l'avenir, du jour de sa nomination, dans la classe des Brigadiers-lieutenants ; il

Q 2

commandera les Officiers de ce grade moins anciens que lui, jufqu'à ce que par fon ancienneté il ait acquis le rang de Brigadier - Capitaine.

3. Les appointemens de chaque Fourier, à compter du premier Avril prochain feront augmentés de cent - cinquante livres, pour les porter de fix cent à fept cent cinquante.

4. La place de Fourier, exigeant un fujet propre au détail ; Sa Majefté autorife le Commandant-général du Corps de fa Gendarmerie, lorfqu'une de ces places viendra à vaquer, à choifir dans les Brigadiers-lieutenans, ou dans les douze plus anciens Gendarmes, celui de fa Compagnie qu'il croira le plus propre à l'état de Fourier & le fera paffer fur le champ à cet emploi, où il reftera jufqu'à ce que par fon ancienneté, il foit parvenu à l'état de Brigadier-capitaine.

MANDE & ordonne fa Majefté au Sieur Marquis de Caftries, Commandant-général du Corps de la gendarmerie, Capitaine - lieutenant de la Compagnie des Gendarmes Ecoffais, aux autres Capitaines - lieutenans des Compagnies de ce Corps, & en leur abfcence à ceux qui les commandent & aux Commiffaires des Guerres à la conduite & police de tenir la main à l'exécution de la préfente Ordonnance.

FAIT à Verfailles, le neuf mars mil fept cent quatre vingt-un. *Signé*, LOUIS, *& plus bas*, SÉGUR.

REGLEMENT

Concernant *l'Habillement & l'Equipement du Corps de la Gendarmerie.*

Du 4 Avril 1781.

DE PAR LE ROI.

SA Majesté jugeant à propos de faire quelques changemens à ce qui est prescrit par le Réglement du 18 Février 1772, concernant l'Habillement, l'Equipement & l'Armement du Corps de la Gendarmerie ; elle a ordonné & ordonne ce qui suit :

TITRE I.

De l'Habillement & Equipement des Gendarmes.

ARTICLE PREMIER.

LA doublure de l'habit de Gendarmes sera de serge blanche, & le collet sera droit, de quinze lignes de hauteur, bordé d'un galon uniforme de six lignes de largeur.

La veste sera de drap blanc, doublée de toile blanche, & aura à chaque poche une patte ordinaire garnie de trois petits boutons.

La culotte sera de même en drap blanc avec semblables petits boutons.

La seconde culotte sera de peau blanche.

2. Le surtout aura des revers qui seront de même drap écarlate que celui dudit surtout, ainsi que les paremens & le collet, lequel sera droit de quinze lignes de hauteur, les revers seront garnis chacun de sept petits boutons ; il pourront se croiser & se boutonner en entier sur la poitrine, il y aura quatre gros boutons au dessous du côté droit, les poches seront en travers, chacune garnie de trois gros boutons ; & les paremens ouverts sur le côté à la distance d'un pouce de la couture du dessous du bras seront fermés par deux petits boutons, les revers, les paremens & le collet seront bordés d'un cordonnet de poil de chevre blanc, & le surplus du surtout d'un passepoil, formé de la doublure, laquelle sera de serge blanche comme celle de l'habit.

Ledit surtout croisera par derriere, il sera façonné d'après les formes, dimensions & proportions du modele arrêté, & sera tenu assez aisé pour que les Gendarmes ne soient pas genés dans leurs mouvemens.

La veste & la culotte qui devront être portées avec le surtout, seront conformes à celles reglées pour l'habit uniforme.

3. Le manteau sera parementé de serge blanche.

4. Les chapeaux bordés d'argent ne feront portés qu'avec l'habit ; & les Gendarmes auront avec le furtout un chapeau uni, bordé d'une treffe noire de poil de chevre, & conforme en tout au modele arrêté.

5. Les couleurs du galon des bandouilleres pour la diftinction des Compagnies feront,

SAVOIR;

Le Blanc, pour la Compagnie des Gendarmes Ecoffais.

Le Violet, pour celle des Gendarmes Anglais.

Le Bleu de roi, pour celle des Bourguignons.

Le jaune, pour celle de Flandres.

Le Rouge-ponceau, pour celle de la Reine.

Le Bleu-celefte, pour celle des Gendarmes Dauphin.

Le Noir, pour celles des Gendarmes de Monfieur.

Et le Verd, pour celle des Gendarmes d'Artois.

Le ceinturon fera de buffle blanchi, garni d'une plaque d'acier, & porté fur la vefte.

La giberne fera de cuir noir, liffée, percée pour douze cartouches, & les Gendarmes la porteront attachée à la bandouillere.

TITRE II,

De l'Habillement & Equipement des Officiers.

ARTICLE PREMIER.

LEs habits, grand & petit uniforme des Officiers, feront confervés tels qu'ils font défignés par le Réglement du 18 Février 1772, à l'exception que la doublure fera de voile ou autre étoffe fine de laine blanche ; que le collet en drap écarlatte fera droit, garni d'une broderie d'argent, & que les boutons qui étoient brodés feront d'argent, du même deffein que ceux des Gendarmes.

2. Le furtout fera de même couleur, forme, coupe & proportion que celui des Gendarmes ; à l'exception qu'il n'y aura que fix petits boutons à chaque revers, qui fera garni de fix brandebourgs en broderie d'argent, & que le collet droit, fera de velours cramoifi, le tour du furtout, les paremens & les poches feront bordés d'une broderie conforme au modele arrêté.

Les veftes & culottes tant de l'habit que du furtout feront en drap blanc avec boutons d'argent & fans aucune broderie. Sa Majefté permet que les Officiers & les Gendarmes continuent de les porter en toile blanche pendant l'été, & qu'alors ils faffent ufage de cols blancs.

3. Le manteau des Officiers fera comme celui des Gendarmes parementé de ferge blanche, ainfi que leur redingotte.

4. Ils porteront de même avec le furtout un chapeau uni qui fera bordé d'une treffe de foie noire.

Leur ceinturon fera de buffle blanchi, fans broderie & ils le porteront fur la vefte, attaché avec la même plaque qui fervoit au ceinturon brodé.

TITRE III.

De l'Habillement des Trompettes.

ARTICLE PREMIER.

LEs furtouts des Trompettes continueront d'être en drap bleu, doublés de rouge ; mais ils feront faits dans la même forme que ceux des Gendarmes.

Sa Majefté veut que tout ce qui eft prefcrit par le Réglement du 18 Février 1772, foit exactement obfervé, fauf les changemens & difpofitions contraires contenues dans le préfent ; à l'exécution duquel le Sieur Marquis de Caftries, Commandant-général de

la Gendarmerie , les Capitaines - lieutenans
dudit Corps , & les Commissaires des Guerres à sa conduite & police tiendront la main.

FAIT à Versailles , le quatre Avril mil
sept cent quatre-vingt-un. *Signé,* LOUIS,
& plus bas, SÉGUR.

TABLE

Des Ordonnances & Réglemens contenus dans ce volume.

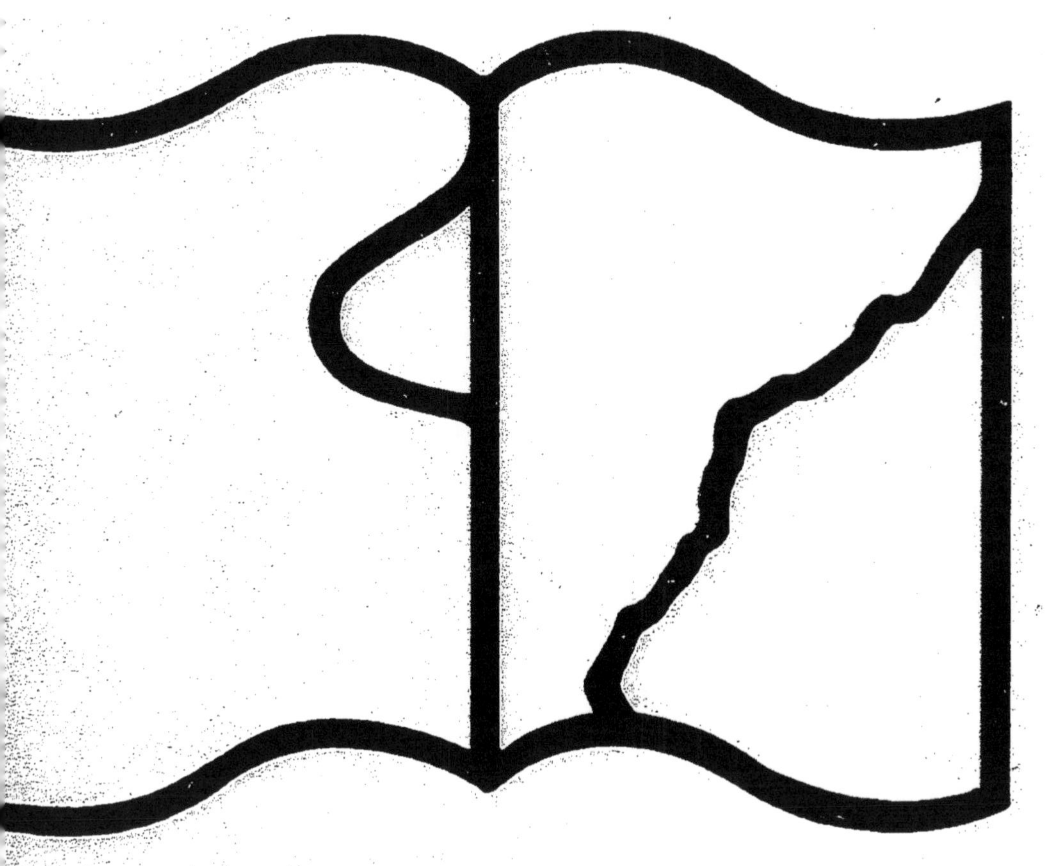

Texte détérioré — reliure défectueuse

NF Z 43-120-11

www.ingramcontent.com/pod-product-compliance
Ingram Content Group UK Ltd.
Pitfield, Milton Keynes, MK11 3LW, UK
UKHW021019140726
13695UKWH00001B/362